Heinz Adam

Saugut!

Widmung

Für Dagmar und Alexander

HEINZ ADAM

Saugut!

NEUMANN-NEUDAMM
Verlag für Jagd und Natur

2. Auflage

ISBN 978-3-7888-1039-9

Das Werk, einschließlich seiner Teile, ist urheberrechtlich geschützt. Jede Verwertung außerhalb der engen Grenzen des Urheberrechtsgesetzes ist ohne Zustimmung des Verlages unzulässig und strafbar. Das gilt insbesondere für Vervielfältigungen, Übersetzungen, Mikroverfilmungen und die Einspeicherung und Verarbeitung in elektronischen Systemen.

© 2008 Verlag J. Neumann-Neudamm AG
Schwalbenweg 1, 34212 Melsungen
Tel. 05661-9262-0, Fax 05661-9262-20
www.neumann-neudamm.de, info@neumann-neudamm.de

Printed in the European Community
Satz/Layout: J. Neumann-Neudamm AG
Druck und Verarbeitung: Bercker-Druck, Kevelaer
Bildnachweis: alle Abbildungen aus dem Archiv des Autors
Titelbild: Zeichnung von Hans Lakomy

Inhalt

Vorwort: Saugut 7

Pietie 9

Erste Kontakte 11

Gar lustig ist die Jägerei 34

Jagdzeug 54

Jagd auf die „biggest" – daheim und anderswo 73

Wetter für den Jäger 90

Alltägliches 102

Gesundheit und Jagd 114

Haut-goût 133

Gefährliches – groß und klein 148

Arbeitende und andere Waldmenschen 157

Wilderer – oder was!? 168

Schüsseltreiben und andere Letztendlichkeiten 176

Heinz Adam.

Vorwort: Saugut

Ob die nachfolgenden Zeilen dem Titel gerecht werden, muss der Leser entscheiden.

Man könnte vermuten, dass es in diesem Buch ausschließlich um unsere Sauen geht. Das ist nicht ganz so. Obwohl es meine Freunde, die Schwarzkittel verdient hätten, ausschließlich ihnen einmal ein Buch zu widmen. Oh ja, ich weiß. Die gibt es schon in ausreichender Menge, höre ich nun den einen oder anderen sagen. Klar, Biologen und andere kompetente Menschen, aber gottlob auch gestandene Jäger, haben sich dieser faszinierenden Wildart schreibenderweise angenommen. Trotzdem, so meine ich, gebührt ihr nachhaltig Beachtung. Bei dem, was Sauen uns an immer wieder beeindruckendem Erleben bieten, geht der Stoff für Erzählungen sicher niemals aus. Es wäre interessant zu ergründen, wieviel Stammtischstunden allein dafür schon herhalten mussten und auch in Zukunft noch herhalten müssen.

Aber ich möchte auch von anderen Wildarten, von Hunden, von jagenden und nichtjagenden Menschen, die mir seit frühester Jugend bis in die Jetztzeit über den nicht immer jagdlichen Weg gelaufen sind, erzählen. Viele dieser Erlebnisse sind heute so nicht mehr realisierbar bzw. von der Bildfläche unseres hektischen Alltages für immer verschwunden. Die Ruhe und Gelassenheit, mit der die Jäger meiner Jugendzeit und auch die ländliche Bevölkerung trotz des damals rasanten technischen Fortschrittes zur Tagesordnung gingen, gibt es zumindest in meinem Umfeld nicht mehr. Anderorts wird es ähnlich aussehen. Viele von uns haben kaum noch Zeit zu jagen, geschweige denn, sich dem Flair eines zünftigen Schüsseltreibens hinzugeben oder ein Buch zu lesen! Traurig so etwas. Nun gut. Saugut! Mein Naturell ist u. a. mehr oder weniger geprägt von Humor und positiven Anwandlungen sowie dem Bedürfnis, meinen Mitmenschen ein liebenswürdiger, allerdings auch zu mancherlei Schabernack neigender Zeitgenosse zu sein. Sprüche, derb oder locker, die teils kurz, teils langfristig unseren Alltag mehr oder weniger bereichern, haben schon immer zu meinem täglichen Repertoire im Umgang mit meinem Umfeld gehört. Das ging als kleiner Knirps los, über Schule, Beruf, Bundeswehr und natürlich speziell in meinem heißgeliebten Jägerdasein. Der o. g. Ausspruch ist vielseitig und paßt für viele Gelegenheiten. Er kann aber, und das ist das Faszinierende daran, Negatives oder Positives enorm bestärken oder aber in das jeweilige Gegenteil katapultieren! Alles klar? Saugut!

Die nachfolgenden Zeilen stellen leicht verdaubare Kost dar. Problematische Literatur gibt es ohne Ende. Ich habe mich wiederum bemüht, alltägliches jagdliches Erleben humorvoll zu verpacken, um dem Leser mit diesen Zeilen Freude zu bereiten. Ob der eine nun hier und da herzlich lachen oder der andere kaum ein Grinsen entbehren kann, liegt an der Mentalität eines jeden Einzelnen. Ist das nicht schön?

Ich wünsche viel Spaß beim Lesen.

Pietie

Bevor sich der geneigte Leser weiter in die folgenden Seiten hineinarbeitet, möchte ich eine Person vorstellen, die ab und zu Erwähnung in diesem Buch findet.

Hans-Peter Laborn, genannt Pietie, ist in der 4. Generation deutschstämmiger Farmersohn aus dem wunderschönen Namibia. Meine Frau und ich lernten ihn kennen während unserer ersten Reise nach Namibia, Mitte der 90er Jahre des letzten Jahrhunderts. Wir hatten schon einige Tage mit seinem Vater Erwin erfolgreich gejagt und uns überaus überwältigend von Hanne, seiner Mutter, aus Keller und Küche verwöhnen lassen. Die mitgebrachte Konfektionsgröße war ständig in Gefahr.

Anfang des neuen Jahrtausends kam Pietie nach Deutschland, um für seine weiteren Zukunftspläne bezüglich der Wildbretvermarktung der Farm eine Fleischerlehre zu absolvieren. Er hat das mit Bravour gepackt. 2 Jahre wohnte er, da die Lehrstelle eine knappe Autostunde von uns entfernt war, an den Wochenenden meistens bei uns. Natürlich mußte für diesen hochpassionierten, jungen Jäger Jagdgelegenheit beschafft werden. Da die Verwaltung, in der ich einen Pirschbezirk betreue, grünes Licht gab, beantragten wir für Pietie einen Ausländerjagdschein. Auch das klappte. War ich schon von diesem Naturtalent in Sachen Jagd in seiner Heimat angetan – er war stets bemüht, das Erlernte von seinem Vater bestmöglich zum Wohle der Jagdgäste umzusetzen – so verblüffte er mich hier in unseren Gefilden in nicht geringem Maße. Den ersten „Bock" hatte er als Sechsjähriger am Haken. Nun war das beileibe kein Rehbock, sondern eine ausgewachsene Oryx-Antilope von über 200 kg. Auf dem Erlegerbild ist eine riesige Büchse mit einem Dreikäsehoch neben dem gestreckten Wild zu sehen. Manch einer in unseren Breitengraden hat zwar auch schon früher als eigentlich erlaubt das erste Stück am Haken gehabt, gell! Aber so jung!? Andere Länder, andere Sitten, oder besser andere Notwendigkeiten. Die Farmerkinder werden früh mit Waffen sowie dem Beherrschen derselben und auch im Autofahren getrimmt. So ist das. Der absolut glücklich, zufriedene Ausdruck nach erfolgreichem Jagen, wie eigentlich nur ein passionierter Jäger sich dieser Situation hingeben

kann, zeichnete ihn aus und war für mich immer wieder freudiges Mitfühlen und Erleben. Aber, auch das sei gesagt, es war nicht mehr der Anflug von Spaß und Schabernack, dem wir uns beide oft und gerne hingaben, in seinem Gesicht zu erkennen, wenn dann doch einmal etwas schief gegangen war. Die Qual der Stunden bis zum Morgengrauen des nächsten Tages, um das kranke Stück mit dem Hund nachzusuchen, brauche ich keinem Jäger zu erklären. Immer und immer wieder spielten wir noch zu später Stunde nach abgebrochener Suche den Ablauf durch. Er konnte dann sehr ruhig werden. Gut so! Die Zeit mit ihm war für mich eine regelrechte Verjüngungskur im heimatlichen jagdlichen Geschehen. Die Zeit mit Pietie war einfach... saugut!

Pietie ist wieder in seiner Heimat, und wir gönnen ihm von ganzen Herzen ein erfolgreiches glückliches Leben, zu seinem, seiner Familie und seines Heimatlandes Wohl.

Erste Kontakte

Im Grunde war es einerlei, auf welchem landwirtschaftlichen Anwesen unseres Dorfes wir unsere Freizeit nach Schule und gelegentlichen Frondiensten für die eigene familiäre Versorgung verbrachten. Aber auf dem zweitgrößten Hof nach dem Gutsbetrieb gab es auch für damalige Verhältnisse noch sehr viel Vieh. Und das reizte. Pferde, Kühe, Hunde und das gesamte Federvieh war Beschäftigungsfeld in ausreichendem Maße. In den Ställen trieben wir uns meistens bei schlechtem Wetter herum, wenn draußen Wind und Regen einen Aufenthalt nicht ratsam erscheinen ließen. Unabhängig davon, dass wir verbotenerweise riesige Stollenanlagen, in denen mit Stroh bis unters Scheunendach vollgepackten Bansen anlegten, versuchten wir, uns hier und da ein wenig nützlich zu machen. Wir halfen dem Melkermeister, Ober genannt, beim Reinigen der Futterkrippen, misteten die Stellplätze des Viehs aus und durften nach seiner Anweisung auch beim Füttern helfen. Unsere Eltern brauchten abends natürlich nicht zu fragen, wo wir denn den lieben langen Nachmittag zugebracht hatten. Die hörbar lufteinziehende Nase meiner Mutter signalisierte das Erkennen des Tatortes.

Der Ober qualmte fast ständig eine krumme Pfeife, die einen furchtbaren Gestank verbreitete. Da sein schon stark abgenutztes und lückenhaftes Gewaff den Rotzkocher nicht mehr zuverlässig hielt, hatte er am Mundstück zwischen Haltering eins und zwei einen Bierflaschengummiring angebracht. Nun konnte er auch die tollsten Verrenkungen bei seiner schweren Arbeit machen, das Ding schlackerte und qualmte lustig mit. Wenn er mit uns in seinem ostpreußischen Dialekt sprach, zog er ab und zu den angesammelten Speichel um das Saugrohr ab und beförderte das Zeug, ohne seinen Kocher aus dem Kopp zu nehmen, in die nächstbeste Jaucherinne. Toll, nicht wahr? Ein paar von den älteren Bengels haben diesen von Hause aus überaus gutmütigen Mann manchmal bis aufs Messer gereizt. Dann konnte der masurische Bär sauer werden und wehe dem, der in seinen Schraubstöcken von Händen landete. Tagelange, optisch auch durch Unwissende gut wahrnehmbare veränderte Bewegungsabläufe waren dann angesagt. Aber er war, wie gesagt, ein prima Kumpel für uns Gören.

Einige wollten auch das Tabakrauchen bei ihm erlernen und zwar mit seinem stinkenden Knösel. Nicht zu fassen. Allein der Gedanke daran gab meinem Magen ungeahnte Liftqualitäten, und das Wasser trat mir in die Augen. Aber bitte, wer wollte, der konnte bei ihm die ersten Züge aus einer Tabakspfeife testen. Mit wichtiger Miene fasste der liebe Ober dann in seine Melkerbluse und füllte den Pfeifenkopf mit einer Mischung aus Rübentrockenblatt, genannt Troblacco, getrockneten Rübenschnitzeln, gehäckseltem Stroh, Kaff, und vermutlich waren auch ein paar Krümel Tabak dabei. Die so genannte Landmannmischung – brutal. Keiner von denen, die hiermit ihren ersten Versuch gemacht haben, sind über den dritten Zug aus der Pfeifenruine hinausgekommen. Keiner hat hinterher, und das teilweise für mehrere Stunden, über normale Magen- und Darmfunktionen verfügt. Kreidebleich, leer gereiht und immer wieder das hofeigene Gesinde-Klo aufsuchend, vegetierten die Schlaumeier im Stroh liegend vor sich hin. Eine harte Schule, die der alte Ostpreuße den Halbstarken da zukommen ließ. Ich vermute mal, dem einen oder anderen hat es geholfen. Ich habe Abstand von diesem Test genommen, und das war gut so.

Die Pferde, und hier besonders ein schon älterer Pony-Hengst, waren neben der Weimaraner-Hündin des Hausherrn unsere Lieblingstiere auf diesem Hof. Leider erwiderte der kleine Gaul diese Liebe nicht. Selbst nachdem man sich ausführlich mit seiner Körperpflege befasst hatte, war ihm nichts eiliger, seinen Pfleger anlässlich eines kleinen Ausrittes bei der nächstbesten Gelegenheit in den Graben zu befördern. Und, das war ganz von Übel, er litt unter gewaltigem Stalldrang. Es war kaum möglich, ihn reiterderweise nach Haus zu bringen. Angekommen ist er immer, aber allein. Der jeweilige Reitersmann kam zu Fuß, fluchend, hinkend und oftmals mit einer beachtlichen Zahl blauer Flecken. Leute, die er nicht leiden konnte, und das waren eine ganze Menge, biß er hemmungslos in Oberarm, Brust und Lende. Ein braves Pferdchen, nicht wahr? Den Ober mochte er auch nicht. Der hatte ihm nämlich einmal einen Blitzstart spendiert. Fury, so hieß das gute Stück, sogenannt nach einer damaligen, beliebten Fernsehsendung mit einem supermegaschlauen Hengst als Hauptdarsteller, der offensichtlich alles konnte, außer Steaks braten. Doch mit den Fähigkeiten des

TV-Furys hatte unser kleiner Teufel wenig gemeinsam. Sei's drum. Ein Kumpel ritt mit Fury am Melkermeister vorbei, und der kleine Hengst zwackte nach ihm. Das veranlasste den bärenstarken Mann, seine rechte Pranke auf die Hinterhand des kleinen Hengstes zu legen, und kräftig zu drücken. Fury ging in die Gelenke, wie ein alter Deutz mit überladenen Rübenwagen in die Achse ging, und kam nicht mehr vom Fleck. Soll man gar nicht glauben. „Was is nu Tschurie", Fury konnte er nicht aussprechen, „willste jarnich weiterzockeln"? Er lachte. Mein Kumpel nicht. Er bat schon recht ängstlich um Freigabe des Hinterantriebes. Und die kam umgehend. Der Ober lupfte seine Pranke, der kleine Hengst zog ab wie einstmals Hackelbergs wilde Jagd. Kurz vor dem Wohnhaus lag der Reitersmann auf dem Hof, Fury stürmte in die offene Stalltür und war nicht mehr aus der Box zu kriegen, jedenfalls an diesem Tag nicht. Donnerndes Lachen begleitete diese Aktion. „Ober" rief nun mein Freund böse, „wenn ich groß bin, halte ich dich auch mal am Hintern fest und lasse dann los, dann sollst du auch gegen die Mauer rennen." Der Alte lachte: „Lass man jut sein Mannchen, dat war für sein Schnappen, dat merkt er sich, der Lorbas". Grinsend zog er ab.

Ein weiterer lieber Jugendgefährte oder besser Gefährtin war Flicka, eine mittelalte Fjordpferd-Stute. Eigentlich war sie fromm, und unzählige Stunden haben wir uns mit diesem Pferd befaßt. Sie stand im Stall neben den Arbeitspferden und war ganz offensichtlich immer glücklich, wenn sie auf die hofeigene Koppel konnte, um mit uns herumzutoben. Von diesem lieben Pferd ist einige Jahre später, wir waren wohl so um die dreizehn/vierzehn Jahre alt, ein Freund einmal unfreiwillig abgestiegen. Wir krakelten, wie Bengels das in diesem Alter tun, auf der Straße herum und kamen bei unserem Rundgang an der Hofkoppel vorbei. Es war schon dämmerig, aber ganz deutlich konnten wir Flicka im hinteren Teil der Koppel entdecken. Auf unsere Lockrufe kam sie prompt zum Zaun und begehrte nun getätschelt zu werden oder gar ein Stück Zucker abzustauben. Sie hat beides bekommen. Nach einiger Zeit der Wiedersehensfreude ritt den Freund im wahrsten Sinne des Wortes der Teufel: „Ich drehe eine Runde mit ihr, da wird sie wohl nichts dagegen haben?" Die restliche Meute gab zu bedenken, dass

13

Das ist zwar nicht „Flicka", aber die Koppel der Jugendzeit.

seit unseren letzten Reiterspielen mit dem Pferdchen nunmehr schon einige Zeit ins Land gegangen sei. „Ach was, das macht sie heute noch genauso mit, wetten?" Mit den besten Wünschen unsererseits schickte sich unser Kumpel an, den Zaun zu überfallen. Schrupp, ein Griff in die kurze Mähne und der Reitersmann saß auf der Stute. Damit hatte Flicka wohl nicht gerechnet, und sie schaute ziemlich konsterniert in die Weltgeschichte. „Na denn man hüh, mein Pferdchen!" Und ab ging es. Langsam und bedächtig entschwand der Freund im Dämmerlicht der Koppel. „Hüh, hüh, na los, komm in Gang!" Es war ihm wohl zu langweilig bei dem Tempo. Tatsächlich konnten wir hören, dass Flicka sich in Trab gesetzt hatte. „Na, doll machst du das, hüh, hüh, schneller!" Auch dieser Aufforderung kam die Stute widerspruchslos nach. Kreuz und quer ging es über die Koppel. Nunmehr im flotten Tempo, jedoch kein Hüh war mehr zu hören. Stattdessen kam des öfteren, wenn das Pferd wohl in Richtung Zaun galoppierte, ein langgezogenes „Brrrrr". Weiter ging die wilde Jagd. Flicka hatte sich ihren Feierabend wohl anders vorgestellt und führte etwas im Schilde. Und was das war, sollten wir in den nächsten Sekunden erleben. Mit einem nunmehr ängstlichen, lautem und langem „Brrrrrr, halt an, Brrrrr", kamen wie einst Lützows wilde, verwegene Jagd Pferd und Reiter auf unsere Zaunseite zugaloppiert. Das geht nicht gut, dachte ich noch, gemeinsam spritzen wir auseinander, um aus der Angriffslinie der beiden zu kommen. Nach einem letzten verzweifelten „Brrrrr" waren Ross und Reiter kurz vor dem Zaun. Ich glaube, was uns jetzt geboten wurde, hätte jedem gestandenen Rodeo-Reiter die Freudentränen in die Lichter gedrückt. Flicka stoppte, bockte, zog nach links. Stoppen machte unser Kumpel noch mit, bocken auch, aber er ging nicht mit nach links. Nein! Er kam geradeaus auf den Zaun zugeflogen und schaffte es auch, mit zwei Dritteln seiner damals schon beachtlichen Körperlänge diesen zu durchgleiten. Wir standen wie versteinert. In das Hufgetrappel Flickas mischte sich nunmehr das Stöhnen des Freundes. Jetzt wurden wir wach, die Starre ließ nach. Wir zogen die Stacheldrähte auseinander und den Freund aus dem Zaun. Erbarmen! Wie sah der Bengel aus?! Gottlob keine Knochenbrüche, aber der Stacheldraht hatte ihm gehörig zugesetzt. Zu unserem Dorfarzt wollte er nicht. Man ist ja hart in diesem Alter. Wir brachten ihn nach Haus. Den Arztbesuch mußte er aber doch noch nachholen. Am nächsten Tag konnte er vor lauter Prellungen und Rißwunden kaum laufen, und die vermutlich jodbehandelten Stacheldrahtschmarren, die schön rot leuchteten, hätten den ein oder anderen Apachen sicherlich umgehend zum Kriegsbeil greifen lassen. Nun gut. Da muss man durch.

Aber die Erinnerungen an diesen Hof dürfen nicht abschließen, ohne der Weimaraner-Hündin zu gedenken, mit der wir uns ebenfalls stundenlang befasst haben. Eine ganz liebe. Die Hündin gehörte dem Bauern, der Mitpächter unserer Gemeindejagd war, und aus diesem Grunde auf Platz eins meiner Sympathien für diese immer nette Familie stand. Die großrahmige Weimaraner-Hündin war sanft und gutmütig. Damals gab es noch genug zu tun für diesen Hund. Unvergessen wie Perra, so hieß sie, mit Einkaufstasche im Fang, in der der Wunschzettel der Bäuerin war, durch das ganze Dorf marschierte. Beim Kaufmann setzte sie sich brav auf die Keulen und wartete, bis sie an der Reihe war und bedient wurde. Eine Sensation erster Ordnung für uns Dorfgören. Die gefüllte Tasche hat sie zuverlässig abgeliefert. Trotz des in den fünfziger Jahren noch geringen Autoverkehrs wurde die Hündin auf einer neben dem Hof verlaufenden Straße totgefahren. Wir waren sehr traurig.

Denke ich an diese Hündin, denke ich automatisch an die Sensationsnachricht aus dieser Zeit. Eine Sau war im Nachbarrevier, einem Bruchgelände, zur Strecke gekommen. Das schlug ein wie eine Bombe. Sauen waren bis dahin in dieser Gegend nicht erlegt worden. Wohl zog auf uralten Wechseln einmal ein Stück durch die bäuerlichen Reviere. Aber nun lag eines auf der Strecke. Meine Fantasie spielte ab sofort tausend Möglichkeiten bezüglich eines Zusammentreffens mit einem Schwarzkittel in unserem Heimatwäldchen durch. Aber so oft wir mit geblähten Nüstern versuchten, Witterung aufzunehmen, um die schwarzen Gesellen im fiktiven Kessel zu ertappen oder endlich einmal eine Sau-Fährte zu entdecken, es wurde nichts daraus. Fast fünfzig Jahre später ist das erste Stück dann in diesem kleinen Busch zur Strecke gekommen. Nun sind sie anscheinend des öfteren da. Die Faszination, die von diesem Wild ausgeht, hat mich seitdem nicht mehr losgelassen. Ich freue mich jedesmal gewaltig aufs Neue, wenn ich Sauen in Anblick bekomme. Was meinen jagdlichen Erfolg auf die Urigen anbelangt, so hat vielleicht schon manches Mal das Herz den Schießfinger gelenkt.

*

Klaus ist ein lieber Mensch und ein prima Kerl. Seit einiger Zeit war er als Praktikant in unserer Försterei.

Irgendeiner von der Jägerei hatte mitbekommen, dass eine Rotte Sauen im Tannengatter mächtig gearbeitet hatte. Nun sind die Sauen im Walde ja nicht halb so gefährlich wie in der Landwirtschaft, wenn sie ihrer Lieblingsbeschäftigung, der Fraßsuche nachgehen. Aber in diesem Gatter standen potentielle Weihnachtsbäume, und die jungen Pflanzen wurden von den Sauen ausgebuddelt. So etwas geht nicht. Der Förster trommelte eine kleine Korona Schützen zusammen, und wir rückten der Rotte zu Leibe. Die Weihnachtsbaumkultur befand sich auf der Trasse einer Überlandleitung. In der Mitte, genau unter den Leitungen, standen schon ältere Nordmann- und andere Tannen, von denen einige schon Kirchenbaumhöhe aufwiesen. Links und rechts dieser höheren Tannen befanden sich die nachgepflanzten jüngeren Generationen. Die Rotte lag, das hatten wir bald heraus, in dem höheren Komplex, der nach unten, so wie sich das für anständige Weihnachtsbäume gehört, natürlich recht dicht war. Ein idealer Tageseinstand. Unser lieber Klaus, der übrigens den Nachnamen des untersten Dienstgrades in der Sauenhierarchie sein Eigen nennt, drängte unablässig immer wieder an die Spitze unserer Schützenreihe. „Lasst mir eine übrig, ich habe noch nie eine Sau geschossen, es wäre meine erste", sprudelte es am laufenden Band aus dem Bengel heraus. Der Junge war richtig fiebrig. Nun ja! Somit lancierten wir Klaus in den mittleren Streifen mit der Begründung, dass er da wohl die besten Chancen für eine Ersterlegung hätte. Die etwas älteren Waidgenossen zwinkerten sich zu und liefen ganz uneigennützig jeweils an den Flanken in dem kleinen Zeug herum. Das alles ließ sich gut an. Nur, die Sauen machten keine Anstalten, obwohl wir ihnen recht dicht auf die Schwarte rückten, ihr Domizil zu verlassen. Knüppel schmeißen, Rufe und auch laute Pfiffe halfen absolut nicht. Aus Sicherheitsgründen hatten wir im Gatter keine Hunde eingesetzt. Der Förster war mittlerweile hinter uns in das Stahlgestänge eines Lichtmastens geklettert, um das weitere Vorgehen von hoher Warte aus zu steuern. Klaus stand mittlerweile ziemlich dicht vor der Rotte. Da gab die Leitbache Töne von sich, die Klaus so wohl noch nicht gehört hatte und ihm die Nackenhaare in aufrechte Stellung beförderten. „Oh, hier steht ein ganz großes Schwein", sagte er nicht ganz leise. Er wirkte irgendwie blass auf mich. „Geh drauf zu, man los, bring sie auf Trab", antwortete ich ihm. „Nee, lieber nicht", lies er verlauten, jetzt schon etwas leiser. Da kam es von der Befehlszentrale aus dem Gittermasten: „Klaus, gehen Sie da jetzt rein, man los Mensch!" Klaus zögerte. „Klaus", kam es nun wieder von oben, „Menschenskind, gehen Sie da rein!" „Frischlinge untereinander tun sich nichts." Klaus schluckte, schaute zu seinem Chef und sprach alsdann den bemerkenswerten Satz „Aber nur unter Protest, Herr K." Mich hat es gerissen. Die Sauen auch. Klaus war somit ruckzuck erlöst. Die Prahlerei hatte der Bache offensichtlich missfallen, die Rotte ging hochflüchtig auf die linke Flanke und war nach kurzer Zeit durch den Zaun entkommen. Ein Überläufer kam dabei zur Strecke. Ebenso ein schwacher Frischling, der bergab sein Heil versuchen wollte und dort dem alten Jagdaufseher vor die Büchse lief. Klaus hatte leider keine Sau strecken können. Es ist zu vermuten, dass ihm das zumindest unmittelbar nach Beendigung der geglückten Aktion einerlei war. Ich weiß nicht, wann Klaus seinen nächsten Kontakt mit Schwarzwild hatte. Hoffentlich war er von Erfolg gekrönt.

*

Eine Einladung zur Drückjagd ist etwas Schönes. Darüber waren Pietie und ich uns absolut einig. Wir hatten eine solche nämlich von Lars bekommen. Lars betreut eine Försterei, die zu einem Teil in Sachsen-Anhalt, zum anderen Teil in Thüringen liegt. Unabhängig davon, dass er sich mit zwei Landesjagdgesetzen abbalgen muss, gibt es in diesem wunderschönen Revier auch Rotwild. Das macht so eine Jagdeinladung für Flachländler außerordentlich interessant.

An diesem November Samstag war das erste Treiben für Pietie und auch für mich ohne Erfolg gelaufen. Die Strecke an Sauen und auch an Rehwild war zu diesem Zeitpunkt schon recht beachtlich. „Eine Sau schießen, eine einzige", so dachte mein afrikanischer Freund laut. „Jetzt Pietie, im nächsten Treiben, da laufen sie uns um, wart's ab" gab ich zur Aufmunterung zurück. Er lächelte ein wenig säuerlich. Wir wurden von Lars eingewiesen und bezogen unsere Stände in einem raumen Fichtenaltholz. Der das Altholz durchschneidende Rückeweg lag vom Regen ausgespült vertieft im Gelände. Auf diesem entschwand nun Pietie. Am Stand angekommen, winkte er mir zu. Im Grunde genommen sah ich, da das Gelände steil abfiel, nur noch seine rote Mütze. Ich stellte mein Dreibein auf, lud die Büchse und stellte sie an eine dicke Fichte. Ich schaute mich um. In meinem Rücken war ein Kulturgatter, in dem, so Lars, Sauen stecken sollten. Löcher waren genug im Zaun. Vor mir verlief auf ca. 60 Meter quer zu mir der vertiefte Rückeweg, dahinter stieg das Gelände an. Am Ende des Fichtenaltholzes stockte jüngeres Laubholz. Nun denn, dann kann die Sache ja losgehen.

Ich schob mich auf meinen Dreibein ein, verteilte meinen Körper im Lodenmantel und beobachtete meinen Standbereich. Erste Schüsse fielen, Hundegeläut und Treiberrufe waren zu hören, faszinierende Drückjagdatmosphäre. Da kribbelts im Bauch. Ist das nicht herrlich? Was gleicht dem wohl auf Erden? Nacheinander kamen mir hochflüchtig drei Stück Rehwild. Nichts zu machen bei dem Tempo. Ein kurzer Blick nach Pieties Mütze und siehe da, sie war in Bewegung. Aber auch er tat dem Rehwild nichts. „Jaff, jaff,

jaff". Ein spurlauter zierlicher Teckel tauchte auf, kreuz und quer ging seine Suche. „Jaff, jaff, jaff" kam es alle zehn Meter. Ich war begeistert. Er kam auf meinen Stand zu, er äugte mich, ohne dabei sein Tempo zu verringern, mit typischer dackelwichtiger Miene von der Seite an und „jaff, jaff, jaff" war er wieder verschwunden. Braver Kerl! Das ist mal eine Dienstauffassung! Des Teckels „jaff, jaff, jaff" verklang in meinem Rücken. Blick nach vorn. Gerade noch rechtzeitig, denn da kam Reineke vom Gegenhang flott herunter und war fast schon in der Rückeweg-Senke. Warte Bürschchen, wenn du auf meiner Seite wieder auftauchst, dann hab ich dich. Speziell bei Füchsen muss ich mir immer wieder so oder ähnlich Mut machen. Alle Jägersleute, die mich näher kennen, wissen, dass ich mit der Erlegung des roten Freibeuters so meine Probleme habe. Aber jetzt galt es. Der Fuchs kam aus der Senke und die erste Kugel ließ ihn blitzartig wenden. Gepatzt, schon war er wieder am Gegenhang. Die drei Stücke Blei, die ich ihm dann noch hinterher schmiss, veranlassten ihn lediglich zu kleinen Kursänderungen. Weg war er. Man soll einen Fuchs nicht spitz von vorn beschießen und einem die Lunte zeigenden Fuchs ebenfalls nicht. Mann, oh Mann, wann lernst du das?

Links von mir kam nach einiger Zeit Lars. Jetzt knallte es bei Pietie. Na endlich, vielleicht liegt ja eine Sau. Das gönnte ich ihm von ganzem Herzen. Mittlerweile war Lars bei mir angekommen. „Was ist los Heinz, Krieg?" Lars grinste. „Nee, wieder mal Fuchs vorbeigesengt" gab ich süßsauer zurück. „Aha" sagte er wissend und zog weiter. Da, es knallte wieder bei Pietie. Ja Donnerwetter einmal, was hat der Bengel Anlauf. Lars war meinem Blick schon einige Weile entschwunden, als es zum dritten Mal bei Pietie knallte. Na, wenn das nichts wird. Schau'n wir mal. Lars kam nach einiger Zeit gegen Ende des Treibens mit seinem Hund wieder an meinem Stand vorbei. Er grinste über das ganze Gesicht. „Na, nichts mehr gesehen"? „Doch, ein Stück Rehwild hochflüchtig, da war nichts zu machen. Was ist bei Pietie los gewesen"? entgegnete ich. „Du, dein Kumpel aus Afrika, der kann schießen!" Lars schaute mich an. „Hat er eine Sau, das war sein größter Wunsch heute" begehrte ich nun zu wissen. „Eine?" Lars machte eine längere Pause. „Drei!" „Was, drei Sauen? Wie hat er das denn gemacht, erzähl Lars?" Ich war gespannt. „Zwei lagen schon, als ich bei ihm ankam, die dritte kam während unserer Unterhaltung den Hang herunter, ich wollte schießen, backte an und... hatte gesichert. Pietie hat blitzschnell reagiert und die flüchtige Sau erlegt". Das war ja doll, was mir Lars da erzählte.

Ich freute mich mit dem Förster über Pieties Waidmannsheil. Und... der Bengel strahlte über das ganze Gesicht, als ich nach dem Abblasen zu ihm ging. Es sprudelte nur so aus ihm heraus bei der Schilderung der Ereignisse. „Und du, hast du Glück gehabt?" wollte er wissen. „Vier" gab ich zurück. „Was vier?" „Vier mal Holz auf Fuchs." Wir mußten beide lachen. Pietie begann gerade mit dem Aufbrechen, als uns Lars erklärte, dass wir die Stücke den Hang hinaufbringen müssten, da bis dort unten kein Schlepper, geschweige denn ein Auto gelangen könne. Der alte Rückeweg war durch Ausspülung unbefahrbar. Prost Mahlzeit. Mir wurde angst und bange. Jedoch viele Jägersleute halfen mit, die drei Sauen zu bergen. Peter kam mit dem ersten Frischling angeschnauft. Er qualmte wie die Brockenbahn. Das kostet Schweiß. Die restliche Strecke zogen wir gemeinsam. Peter stieg wieder in das Tal herab, um bei der Bergung der anderen Stücke zu helfen. Es waren sicherlich fünfhundert Meter bis zum fahrbaren Weg, und das ganze Gelände war doch recht steil, so dass es eine Bärenschinderei

Der strahlende Jagdkönig vom „Alten Stolberg".

mit der Bergung der Stücke war. Aber auch das war irgendwann geschafft. An der letzten Sau hatte sich mein kleiner spurlauter Freund gehängt und ließ erst nach gutem Zureden los. Ich steckte ihn in meinen Lodenmantel und nahm ihn mit zum Sammelplatz. Durch unsere dampfenden Leiber verwandelte sich das Innere des Geländewagens in eine mobile Sauna.

Am Streckenplatz angekommen, bekam Pietie viele Glückwünsche, und alle wollten von seinem Saudusel Bericht haben. Das war eine Superstimmung am Ende dieser Drückjagd. Diese setzte sich auch beim Schüsseltreiben fort. Nach einiger Zeit nahm mich Lars zur Seite. Ich hatte ihn gebeten, Pietie nach altem Stolberger Brauch zum Jungjäger zu schlagen. „Das klappt, Manfred hat alles vorbereitet, Jägerbrief, das Gesöff für die Flinte, und auch der Beisitzer ist vorhanden." Tolle Sache, dann konnte die Sache ja starten. „Und", Lars grinste mich an, „Jagdkönig ist er auch, du kannst ihn ja ein wenig auf sein Amt vorbereiten." Gewaltig, das konnte ja eine rauschende Ballnacht werden. Ein afrikanischer Junge Jagdkönig im alten Stolberg. Es hat alles geklappt. Pietie bekam das Waidblatt auf Spiegel und Schulter, ohne dabei zu mucken, trank den mit harmlosen Alkoholika gefüllten Flintenlauf aus, ohne dabei Schaden zu nehmen, und bekam den Jägerbrief. Im Anschluss an diese Prozedur gab es eine faszinierende Königsrede. Ich war sehr glücklich, dass wir dieses alles unter lieben Freunden erleben durften. Ein dickes Waidmannsdank zur Kalkhütte.

*

„Und wo ist er letztendlich zur Strecke gekommen?" fragte mich mein Gegenüber, als ich ihm den am Vortag von mir erlegten Rehbock zeigte. „In Kamerun" antwortete ich. Das Flackern in den Augen meines Freundes signalisierte, dass er meinen Zustand sicher nach dem Genuss von mindestens zwei Flaschen Rotwein taxierte oder aber ernsthaft überlegte, einige der Herren zu bestellen, die in ihrem Gepäck die großen, weißen Jacken mit den überlangen Ärmeln bei sich führen. „In Kamerun"? kam es immer noch flackernd. „Ja", antwortete ich seelenruhig, „in Kamerun". Ich ließ das wirken. Er war offensichtlich stark verunsichert. „Du warst vor einigen Wochen in Namibia, aber nicht in Kamerun, Menschenskind. Aber auch da gibt es keine Rehböcke. Also, wo hast du ihn geschossen"?

Nun ja, Aufklärung tat not. Aber wie es zu dieser Bockerlegung kam, muss hier vorweg geschildert werden.

Vor einiger Zeit fragte ich meinen Jagdherrn, ob denn nach einem Vierteljahrhundert jagdlicher Aktivität in seiner Verwaltung auch einmal ein Bockabschuss in meinem Heimatwäldchen, im Wald meiner Waldläuferkindheit und Jugendzeit möglich wäre. „Haben Sie dort noch nie einen Bock geschossen?" war seine erstaunte Frage. Das konnte ich bejaen. „Dann planen Sie das man für das kommende Jahr ein". Ich freute mich sehr über diese Freigabe. Zwar hatte ich am Anfang meiner jagdlichen Gehversuche jede Menge mit der Flinte in dem kleinen Revier jagen können, aber Schalenwild befand sich bislang nicht darunter.

Im Juli des darauf folgenden Jahres begann ich mich, just aus einem erlebnisreichen Aufenthalt in Namibia zurückgekommen, für den Heimatbock zu interessieren. Ich fährtete im Nordteil des Reviers ab, suchte Fegestellen, schaute hier und schaute da. Leider ohne große Erkenntnisse. Bis auf die, dass meine einst blonden, jugendlichen Locken in dem Maße glatt und grau, wie die um mich herumstehenden Fichten groß und stark, geworden waren. Einst war ich auf allen Vieren durch sie hindurch gekrochen, da waren das noch akkurate Weihnachtsbäume. Ich fährtete den Ostteil samt Feldkante ab. Ich tummelte mich im Westen in der anschließenden Abteilung. Nichts Genaues zu entdecken. Aber das Herumschnüffeln in den einst so vertrauten Ecken war prima. Im zeitigen Frühjahr hatte ich am Rande dieser Abteilung vom Auto aus einen ordentlichen Bock gesehen. Ob er dort noch stand? Stand er im Feld? Leider war auf den vorgelagerten Feldflächen in diesem Jahr nur Weizen angebaut, nicht eine verlockende Zuckerrübe weit und breit. Lediglich zwei Brachflächen könnten für das Wild von Interesse sein. Jedoch, Fährten konnte ich auch hier nur ganz spärlich bestätigen.

Tja, was tun? Es nahte Rettung. Und zwar in Gestalt meines oben erwähnten Gesprächspartners. Er hatte auf einer dieser Brachflächen bereits zweimal einen recht ordentlichen Bock in Anblick gehabt. Einmal in der Nähe einer Kanzel war er, aus dem Weizen kommend, in den Bestand gezogen. Das andere Mal nahm der Bock den Rückwechsel. „Schau ihn dir an" meinte er, „er hat ordentlich auf, ist gut geperlt und sicher alt genug". Das hörte sich gut an. An einem der nächsten Abende wollte ich die Kanzel besetzen und der Dinge harren, die hoffentlich in Form eines Rehbockes kommen sollten. Er kam aber nicht. Die Ansitze bei hohen, teilweise schwülen Temperaturen brachten außer Fuchs und Hase keinen Anblick. Doch, außerdem noch hunderte von Mücken, die sich über meinen abendlichen Besuch freuten und mich dementsprechend kontaktierten. Es waren die sogenannten Hundstage, die ihrem Namen mit den vorhandenen Temperaturen alle Ehre machten. Alle Klamotten klebten am Körper.

Doch eines Abends knackte es deutlich hinter mir. Komm Bock, dachte ich, noch langt es allemal mit dem Licht. Er kam nicht. Falls er es überhaupt war. Vielleicht 'ne Sau? Am darauffolgenden Ansitzabend saß ich wieder da und konnte die halblinks vor mir liegende Brachfläche, die sich von mir aus gesehen hinter dem Weizen befand, recht gut einsehen. Auf einer Länge von ungefähr 300 Meter und einer Breite von 30 Meter lag sie direkt vor dem Altholz. Ab und zu leuchtete ich die Fläche vor mir ab und ergab mich ansonsten manch aufkommender Erinnerung an Kinder-, Jugend- und Jungjägeraktivitäten in diesem Revierteil hin. Mann, oh Mann, was einem da alles in den Kopf kommt.

Eine Bewegung links am Altholzrand beendete abrupt meinen Ausflug in die Vergangenheit. Schon war das Glas am Kopf. Auf ungefähr 200 Meter zog ein ordentlicher Sechser-Bock, meinte ich zu erkennen, zum Weizen. Das gritzegraue Haupt suggerierte hohes Alter. Benehmen und Figur des Bockes hingegen nicht. Langsam, das hell wirkende Haupt hob sich in der beginnenden Dämmerung deutlich ab, zog er ein paar Meter in den Weizen und äste an den Ähren. Der war gut, zwar nicht übermäßig vereckt, vielleicht auch nicht so ganz alt, aber allemal ein guter Abschußbock. Der Blick durchs Zielfernrohr bestätigte die geschätzten 200 Meter. Eine ganze Menge Meter auf einen Rehbock. Aber er stand ja eh noch im Weizen. Ich beobachtete ihn wiederum intensiv mit dem Fernglas. Ungerader Sechser, im unteren Bereich gut geperlt. Die Vordersprossen waren etwas besser vereckt als die eine Hintersprosse. Das ist mein Bock. Wiederum nahm ich die Büchse an den Kopf. Zu weit.

Nach 5 Minuten verließ der Bock den Weizen und zog am Rande der Frucht halblinks auf den Bestandesrand zu. Er kam somit zwar näher, aber vom Körper des Bockes war auch jetzt kaum etwas zu sehen. An einen sicheren Schuss war nicht zu denken. Wenn ich Pech hatte, zog er letztendlich gut hundert Meter an mir vorbei, und ich wäre keine Kugel losgeworden. Er tat es nicht. Auf ungefähr einhundertdreißig Meter löste sich der Bock von der Weizenkante und zog über die Brache zum Altholz. Er war nun vollkommen frei. Jetzt oder nie! Erster Pfiff. Keine Reaktion. Zweiter Pfiff. Der Bock stand hocherhobenen Hauptes, und raus war die Kugel. Er lag im Feuer und rührte keinen Lauf mehr. Jetzt musste ich erst einmal tief Luft holen, das hatte ich in den letzten Sekunden vernachlässigt. Ich freute mich riesig über die saubere Kugel, die dem Bock ein schnelles Ende gebracht hatte. So soll es sein.

Ich hockte vor meinem verbrochenen mittelalten Heimatwald-Bock und brauchte lange, bis ich den Heimweg antrat. Ich schaute mich um. Nach allen Seiten. Ja, das war ja ein Ding, du hast ihn in „Kamerun" geschossen. Genau! Der Überlieferung nach stammt diese alte Revierbezeichnung aus der Zeit, als der damalige Bewirtschafter dieser Fläche dem Lockruf der Kolonialagenten folgte, die heimatliche Scholle verließ und nach Kamerun auswanderte. Leider sagt die Überlieferung nicht aus, ob er dort glücklich geworden ist. Das hätte ich ihm sehr gewünscht.

Nach Aufklärung meines Gegenübers bezüglich der Namensgebung wurde er wieder etwas freundlicher. „Nee, das habe ich bislang nicht gewusst, dass der Revierteil so genannt wird". Siehste wohl, Ende gut, alles gut.

Und doch hat dieser Rehbock eine unsichtbare Verbindung in Richtung Afrika aufzuweisen. Für mich jedenfalls. Das letzte Stück, das ich vor dem Bock erlegte, war exakt ein Vertreter der afrikanischen Wildbahn. Eine uralte Kudu-Kuh aus Namibia, die morgens auf der Pad stand und meine Beute wurde, steht als Eintragung in meinem Schussbuch genau vor dem erlegten Rehbock aus „Kamerun".

*

Ist es Ihnen schon einmal passiert, dass ein offensichtlich verendetes Stück Wild plötzlich auf Nimmerwiedersehen das Weite suchte? Ich habe da schon die tollsten Sachen gehört. Im Sommermonat Juli, gegen 22 Uhr, also bei gutem Licht, hatte ich dem etwa fünfzig Kilogramm schweren Schwarzkittel spitz von oben auf kurze Entfernung das .30-06 Geschoss hinter das Blatt gesetzt. Die Sau lag im Feuer und rührte keine Borste mehr. Nach der Zigarillo-Pause zog ich die noch unaufgebrochene Beute unter großen Kraftanstrengungen, Gott sei Dank bergab, in Richtung des Fahrweges. Aufgrund der Schweinepestgefahr wurden die Sauen nämlich nur in der Försterei aufgebrochen und der Aufbruch fachgerecht entsorgt.

Bei der Bergung des Überläufers kam ich gewaltig unter Dampf. So ein Stück Schwarzwild ist bekanntlich eine recht unhandliche Sache. Nach mehreren Pausen hatte ich es geschafft und kam, total fertig und durchgeschwitzt, am Fahrweg an. Auf dem Marsch zu meinem Auto kühlte ich schon ein wenig ab. Ich fuhr damals einen PKW mit elend hoher Kofferraum-Ladeklappe. Schon auf der Fahrt zum Überläufer bekam ich arge Bedenken bezüglich des Einladens des Stückes. Zumal auch meine Wirbelsäule derzeit nicht in der besten Verfassung war. Nun denn!

Es kam wie es kommen musste. Ich bekam das Stück nicht über die Ladekante. Hatte ich das Haupt halb im Innern des Kofferraumes, so rutschte dasselbe wieder heraus, sobald ich unter gewaltigen Verrenkungen den Rest nachschieben wollte. Umgekehrt war es das gleiche. Nach etlichen, verzweifelten, bandscheibenschonenden Versuchen, die mich wiederum gewaltig unter Dampf gebracht hatten, gab ich das Unterfangen auf.

Ein Königreich für einen Jogger, einen Biker, einen Reiter, einen... ach, egal, was weiß ich? Wo waren sie heute? Kein Mensch weit und breit. Sonst latschen sie einem doch unter der Leiter durch. Was tun? Ich fixierte die Sau. Wäre doch gelacht, die nicht in den Kofferraum zu kriegen!

Mit dem Mut des Verzweifelten stürzte ich mich auf den Überläufer, nahm ihn mir unter den Vorderläufen zur Brust und von Angesicht zu Gebrech richtete ich mich langsam auf und wankte an der Sau vorbeischielend zum Kofferraum.

Nebenbei bemerkte ich, wie der auslaufende Schweiß des Stükkes meine Textilien tränkte. Egal! Gleich war es geschafft. Gut, dass mich niemand sah. „Der mit der Sau tanzt". Beinahe hätte ich einen Schreikrampf bekommen bei diesen Gedanken. Weil ich aber weiß, wie so etwas bei mir abläuft, bemühte ich mich, diesen drohenden, alles zunichte machenden Lachanfall zu bremsen. Es gelang mir. Die bis dahin erfolgreiche Aktion war kurzfristig hochgradig gefährdet gewesen. Am Kofferraum angelangt, ließ ich mich zusammen mit der Sau einfach hineinfallen. Na, bitte! Das wär's. Ich verschnaufte halb auf dem Stück liegend, um neue Kräfte zu sammeln. Die Arme hatte ich unter der Sau hervorgezerrt und wollte mich nunmehr abstützenderweise auf dem Stück von diesem aus dem Kofferraum bugsieren. Das konnte doch nicht wahr sein, der Laut, der in diesem Moment dem Gebrech des vermeintlich lange verendeten Stückes entwich, ließ alles Blut in mir gefrieren. Der lebt ja noch!? Vergessen war die Pein der letzten Stunde. Nur Bruchteile von Sekunden brauchte ich, um gebührenden Abstand zwischen dem scheinbar wieder erwachten Überläufer und meiner schweißbesudelten, letztendlich aber doch recht blassen und –ich glaube – auch zitternden Figur zu bringen. Das ging ja wohl nicht an. Das konnte einfach nicht wahr sein! War es auch nicht. Allmählich wurde ich ruhiger. Denn im Kofferraum war ebenfalls Ruhe. Durch meinen druckvollen Ausstieg hatte ich das natürlich längst verendete Stück wohl an der richtigen Stelle des Waidsackes erwischt und den unverhofften Grunzer produziert. Ganz schön hart so etwas.

Deswegen ging ich vorsichtig zum Auto und vergewisserte mich mit langem Hals, ob denn nun wirklich alles in Ordnung war. Es war. Das Ausladen des Stückes, im Beisein eines lieben Mitjägers, gestaltete sich nicht so dramatisch.

*

In den siebziger Jahren war der Anblick eines Dachses die absolute Seltenheit. Schmalzmann hatte sich nach der leidigen Fuchsbaubegasung in den Sechzigern in fast allen Revieren auf unbestimmte Zeit verabschiedet.

Einen stechenden Altdachs zu beobachten, ist für mich eines der reizvollsten Erlebnisse, zumal im heimischen Revier. Aber natürlich auch das manchmal recht unbeholfen wirkende Spiel der kleinen Maskenträger vor dem Burgbereich ist höchst interessant anzuschauen. Seit den neunziger Jahren ist der Dachs wieder häufiger anzutreffen. Mittlerweile kommt er in unserem Höhenzug regelmäßig in Anblick.

Ich hatte mich bei zunehmendem Mond, der im August irgendwie noch nicht die rechte Leuchtkraft lieferte, an ein Stoppelfeld gesetzt und hoffte, den Sauen den Besuch in den angrenzenden Rüben ausreden zu können. Das schwache Mondlicht ließ den Rübenschlag wie eine einzige schwarze Plane im Gegensatz zu dem ordentlich Sichtmöglichkeit bietenden Stoppelfeld erscheinen. Es war ein wunderschöner Spätsommerabend, und ringsum herrschte Ruhe. Wenn man einmal von den ab und zu schwachen Motorgeräuschen eines Autos auf der gut fünfhundert Meter entfernten Straße absah. Rehe zogen über die Stoppel, mal hier mal da kurz verhoffend, um Äsung aufzunehmen. Dann aber ging es zur Hauptmahlzeit in die Rüben, und ich konnte gut das Abzupfen der Rübenblätter hören. Sieben Stück Rehwild kamen letztendlich an den gedeckten Tisch. Die Ricke mit den beiden schwachen Kitzen, die unweit von mir standen, hatte ich für ein Wiedersehen Anfang September vorgemerkt. Jedoch, Sauen ließen sich nicht sehen. Umso besser für den Bauern oder sagen wir mal für uns, da somit ja kein Wildschaden entstand. Zumindest an diesem Abend nicht. Schlechter war das schon für mich. Gern hätte ich einen Wutz mit nach Hause genommen.

Nach knapp zweieinhalb Stunden fingen meine Schlafaugen an, die Deckel zu schließen. Gestandene Nachtjäger werden dafür nur ein schlappes Lächeln erübrigen. Meine Nachtdauer – oder Marathon-Ansitzzeit – ist vorbei. Das habe ich hinter mir. Unabhängig von notwendigen Wildschadensverhütungs-Ansitzen suche ich mir für die zweifelsohne reizvolle Nachtansitzerei mir passend erscheinende Termine aus. Da müssen zuerst das Wetter und das Licht, das Wissen um die Gewohnheiten des Wildes, dem ich an Schwarte oder Balg will, und nicht ganz unwichtig, meine eigene Kondition und Stimmungslage passen. Ansonsten bin ich im Laufe der Jahre dahin gekommen, dass ich bei zweifelhaften Begebenheiten der oben geschilderten Punkte mehr Schaden im Busch anrichte, als die ganze Sache wert ist, und dem Wild die so nötige Nachruhe gönne. Jawohl! Mit dem ewigen Rumeiern bei jedem Candlelight versaut man sich mehr bei seinem Wild, als man hinlänglich annehmen könnte. Man muss sich bei vorhandener Schneelage, bei der man ja meistens gutes Licht hat, am nächsten Morgen einmal die Arbeit machen und ringsum die nächtlich besetzte Kanzel abspüren bzw. abfährten. Dann weiß man, was man alles nicht vor die Optik bekommen hat. Weil!? Weil nämlich eigentlich schon nach fünf Minuten feststand, dass der bestehende Wind diesen Ansitzabend absolut negativ beeinflussen wird. Aber, vielleicht merkt es das eine oder andere Viecherl nicht. Gell? So etwas darf man nicht machen. Ab nach Haus, man darf da nicht lange fackeln. Haben wir's?

Zurück zum Stoppelacker. Noch immer hatte ich keine Borste in Anblick, und allmählich machte sich enormer Stalldrang bemerkbar. Nach einem herzhaften kurzfristigen Augen- und Ohrenabschalten gewahrte ich mit nunmehr wieder geöffneten Augen einen dunklen Punkt auf den Stoppeln. Fuchs, so dachte ich. Nahm das Glas hoch und konnte statt des Fuchses einen Dachs ansprechen. Er kam in dem typischen Trab der Dachse stichgerade auf meine Leiter zu. Donnerwetter, das war ja mal ein starkes Kerlchen. Ruckzuck hatte ich die Büchse am Kopf und lauerte nur darauf, dass sich der bestimmt nicht unter fünfzehn Kilo wiegende Schmalzmann bequemte, mir die Breitseite zu zeigen. Tat er aber nicht. Ein Reh schreckte. Bleib stehen, flehte ich innerlich. Auch das half nichts. Kurzum, der Dachs trabte, ohne noch einmal zu verhoffen, direkt neben meiner Leiter in den Bestand. Noch kurze Zeit hörte ich ihn rumoren, dann war Ruhe. Donnerschlag noch einmal, den musste ich mir, wenn es irgend ging, noch einmal ansehen.

Nun aber war ich wieder putzmunter. Hellwach sozusagen. Ich legte die Büchse ab und leuchtete das Feld mit dem Glas ab. Immer noch keine Sauen. Die Rehe waren immer noch in den Rüben, allerdings sehr schwach zu erkennen. Der Dachs ließ mir keine Ruhe, und ich grübelte und kombinierte, wo er wohl denn seinen Bau haben könnte. Schwer war der Kopf. Ich kann mich, wenn es um solche Dinge geht, intensiv mit den gegebenen Umständen befassen. Das hat zur Folge, dass dabei häufig meine Empfangssinne auf halber Kraft fahren. Leise, ganz nebenbei, vernahm ich in meinem Rücken das Knacken von Holz. Der Dachs, dachte ich und grübelte weiter. Vielleicht zieht er ja noch einmal auf die

Stoppeln. Jetzt wurde ich munterer und legte schon einmal die Büchse zurecht. Immer lauter wurde das Knacken. Na klar, Menschenskind, Sauen! Es waren Sauen, die zum Feld wollten. Kurz vor dem Bestandesrand verhoffte die Rotte, es war für Minuten absolut nichts mehr zu hören.

Dann zog das erste Stück auf die Stoppel, es folgten zwei schwächere. Leitbache, untergeordnete Bachen, so musste es sein. Dann spritzten regelrecht Frischlinge in die Stoppel. Zum Anschluss waren es akkurat dreizehn Sauen, die langsam zu den Rüben zogen. Die Frischlinge waren zu winzig für die Pfanne, die Bachen tabu. Gerade hatte ich mich auf einen Schreckschuss eingestellt, um den schwarzen Gesellen das Abendbrot zu vergällen, als mit einem extremen Spurt eine weitere Sau den Wald verließ und sogleich mit den Frischlingen herumtollte. Eine schwache Überläuferbache vermutlich. Ein noch von der Leitbache geduldetes Überbleibsel vom letzten Jahr. Das passte. Ich faßte die Sau Hochblatt an, und raus war der Schuss. Das Stück lag im Feuer, die restliche Rotte nahm hochflüchtig den Bestand an und war nach kurzer Zeit nicht mehr zu hören. Puh! Saugut! Saubere Sache, so macht das Jagen Freude.

Ein schöner Abend, guter Anblick und der Rucksack war voll. Jägersmann, was willst du mehr? Sechsundzwanzig Kilo aufgebrochen wog die schwache Überläuferbache. Als ich sie versorgt hatte und mit mir und der Welt so richtig zufrieden war, war es an der Zeit, die heimatlichen vier Wände aufzusuchen. Der Plan für ein Wiedersehen mit dem Dachs war noch nicht fertig, als der Sandmann die Regie übernahm.

Aus diesem Grunde war ich in den nächsten Tagen bemüht, den vermutlichen Bau dieses Monsterdachses zu lokalisieren. Ich suchte kreuz und quer, kroch durch Dickungen und revidierte altbekannte Fuchsbaue, in denen sich mittlerweile vielleicht ein Dachs häuslich niedergelassen hatte. Aber im näheren Umfeld der Feldkante gab es keinen sicheren Dachsbau. Somit konzentrierte ich mich auf einen mir seit vielen Jahren bekannten riesigen Bau, der ungefähr einen knappen Kilometer vom Feld entfernt in einem Stangenholz oberhalb eines Bachlaufes lag. Donnerwetter, hier hatten die Dachse riesige Ausfahrten geschaffen. Wer den Bau hat, hat den Dachs, sagten die alten Jäger. Denkste! Im belaubten Stangenholz konnte ich Schmalzmann nur noch hören, wenn er zu nächtlichem Beutezug auszog. Zu sehen war er nicht mehr. Grundsätzlich ging er dabei allerdings in Richtung Feldkante auf seine nächtliche Tour. Sollte das mein Bekannter von der Feldkante sein?

Jedoch, Ansitze an dieser erbrachten ebenfalls keinen Erfolg. Ich hatte ihn nicht mehr in Anblick bekommen und die ganze Sache schon innerlich abgehakt, als mir der Zufall zur Hilfe kam. Und zwar in Form eines jungen Jägers, der mit mir zusammen seit einiger Zeit den unteren Teil meines Pirschbezirkes betreute. Er hatte nach dem Abendansitz im Scheinwerferlicht einen starken Dachs auf dem Pass zum ungefähr zweihundert Meter nordöstlich des Baues gelegenen Wildackers gesehen. Aha, mein Freund, da steckst du also. Ich ging einfach mal davon aus, dass es sich um meine Feldbekanntschaft handelte. Nach der Beschreibung des Freundes konnte das passen.

Gesagt, getan. Am nächsten Tag saß ich abends auf der Kanzel am Wildacker. Er kam, er kam tatsächlich, oh gütige Diana! Aber so spät, dass an einen Schuss nicht mehr zu denken war. Im neunfachen Glas konnte ich noch relativ gut einen wirklich starken Dachs ansprechen. Der Dachs revidierte in aller Seelenruhe den Wildacker und trabte nach einer knappen Viertelstunde Richtung Stangenholz. Tja, den musst du dir holen. Das stand für mich fest.

Da es mein erster Dachs sein würde, spekulierte ich darauf, mir diesen wirklich starken Schmalzmann als Ganzpräparat in meine Jägerbude zu stellen. Aus diesem Grunde lieh ich mir von meinem Freund einen Bergstutzen. Wegen der kleinen Kugel, nicht wahr. So etwas soll man nicht machen. Mit meiner .308 wäre das auch gelaufen. Aber, da ist man manchmal in seinen Überlegungen wie eingemauert.

Es war sicherlich der fünfte oder sechste Ansitzabend, als ich den Dachs wiederum in Anblick bekam, und es war noch gutes Büchsenlicht. Jetzt passt es Schmalzmann, jetzt bist du mein. Ich hatte den Dachs im achtfachen Absehen des Glases und den Finger am Abzug der kleinen Kugel. Nur Ruhe. Und jetzt kam mir, wer weiß warum und woher, der anscheinend geniale Einfall, den Dachs auf den Stich zu schießen. Die Schwarte sollte möglichst wenig abbekommen. Haben Sie schon einmal einen Dachs beim Stechen beobachtet? Es ist äußerst selten, dass der Stich dabei zu sehen ist. Geschweige denn, ausreichend Zeit für einen sicheren Schuss bleibt. Irgendwann merkte ich das. Da war es fast schon zu spät, der Dachs war just an der Stangenholzkante angelangt und schickte sich an, diese anzunehmen. Deibel noch einmal, jetzt wird's eng. Das ist die Giftspritze bei allen jagdlichen Aktivitäten. Sie hatte den schönen Namen: Hektik! Nervös hatte ich den Dachs nun halbspitz von hinten im Glas, meinte gut drauf zu sein und –patsch – raus war die kleine Kugel. Wie von der Tarantel gestochen nahm Schmalzmann die Dickung an und rumorte im Halbkreis für mich unsichtbar um die Kanzel herum. Ruhe. Mann, oh Mann, da hast du Mist gemacht. Ich hätte mir ordentlich eine reinhauen können. Doch nun war es passiert. Da, jetzt ging der Dachs weiter, wieder in Richtung Anschuss. Wieder Ruhe! Vielleicht liegt er doch, ein Lichtlein ging auf, ganz klein, ein Fünkchen Hoffnung war da.

Ich wartete, bis es dunkel war. Vom Dachs war nichts mehr zu hören. Leise ging ich zum Auto und holte eine Taschenlampe. Mit dieser drang ich dann behutsam in das Stangenholz ein, um den Dachs zu holen. So sicher war ich mir nach anfänglicher Pein mittlerweile schon wieder. Leider zerstörte innerhalb von Sekunden der Dachs meinen auf wackligen Ständern daherkommenden Traum. Im Licht der Taschenlampe konnte ich einen verdammt lebendigen Dachs gar nicht mal so schnell entschwinden sehen. Also hatte ich doch gepatzt. Das Wundbett zeigte nicht sehr viel Schweiß. Nach meiner Empfindung handelte es sich um Wildbretschweiß. Grimmbart hatte hier vermutlich seinen Streifschuß behandelt und nun ganz offensichtlich genug von dieser ungesunden Gegend. Ich versuchte noch, auf der Fluchtstrecke des Dachses Schweiß zu finden und fand auch nach gut zehn Metern zwei winzige Tropfen. Also los, Hund besorgen. Obwohl ich arge Bedenken hatte, im Dustern nachzusuchen. Das sagte ich auch dem Hundeführer. Der aber wollte mit seiner raubwildscharfen Drahthaarhündin auf jeden Fall noch Anschuss und Fluchtrichtung arbeiten, um eventuell am nächsten Tag alles weitere zu arrangieren.

Nach einer knappen halben Stunde waren der Hundeführer und zwei weitere Jäger bei mir vor Ort. Nach kurzer Einweisung arbeitete die Hündin sorgfältig die Schweißspur aus. Nach dem Wundbett, aus dem ich den Dachs hochgemacht hatte, ging es flott durch das Stangenholz in Richtung Wirtschaftsweg. Die Hündin stand mit einem Mal und stellte die Nackenhaare auf. „Es ist besser, du holst deine Waffe", sagte der Hundeführer. „Vermutlich steckt der Dachs hier irgendwo, und wenn die Hündin ihn nicht binden kann, hilft die Büchse vielleicht. Wir müssen allerdings gewaltig aufpassen". Ich ackerte los in Richtung Auto. Gerade hatte ich den Bergstutzen umgehängt und wollte eben das Auto zuschließen, als ich die Hündin laut klagen hörte, nein, sie schrie! Um Gottes Willen, was war denn da los. So schnell ich konnte, rannte ich zum Ort des Geschehens. Schon von weitem konnte ich den Hundeführer rufen hören: „Komm schnell, der Dachs beißt mir die Hündin tot"! Ich gab Vollgas. Als ich ankam, war alles passiert. Der Dachs hatte nach massiven Einwirkungen des Hundeführers die Attacke auf die Hündin eingestellt und war blitzschnell verschwunden.

Was war passiert? Die Hündin hatte sich, die Dachswitterung in der Nase, in einem unaufmerksamen Moment von ihrem Chef freigemacht, den unter einem Dürrholzhaufen steckenden Dachs hoch gemacht und ihn dann kurz vor einer großen Durchlassröhre gestellt. Das hätte schiefgehen können. Nach Aussagen der Korona handelte es sich um einen überaus starken Dachs. Die Bissverletzungen der Hündin bedurften tierärztlicher Hilfe, und Gott sei Dank ist nichts nachgeblieben. So ist das. Zigmal auf der roten Fährte hinterher und jedesmal ist es anders. Ich habe den Dachs nicht mehr bekommen, obwohl ich ihn mit großer Wahrscheinlichkeit bei gutem Mond noch einmal gesehen habe. Dermaßen kapitale Dachse gibt es nicht alle Tage. Mir war der Appetit auf Schmalzmanns Erlegung vorerst vergangen. Sei's drum.

Am nächsten Tag kontrollierte ich nochmals den Ort des Kampfes mit dem Riesendachs. Der Dachs hatte die Durchlassröhre angenommen, wie unschwer an seinen Trittsiegeln zu sehen war. Auf der anderen Seite war er wieder raus und war dann sicherlich in dem knapp fünfzig Meter entfernten Bau eingefahren. Ich habe bis zur Röhre keinen Schweiß mehr finden können. Das beruhigte das strapazierte Gewissen. Und noch etwas ließ mich auf andere Gedanken kommen. Auf dem Rückweg zum Auto entdeckte ich die Fährte eines Stück Schwarzwildes. Überläufer vermutlich. Das war Ansporn genug, diesen Bereich nicht zu vernachlässigen.

*

Wenn man in Afrika als erstes ein Warzenschwein erlegt, so gehen alle jagdlichen Wünsche in Erfüllung. So lautet eine Sage. Das schreibt Hanns Polke in seinem Buch „Schwarze Passion". Bei mir ist das erste afrikanische Wild ein Kudu-Bulle gewesen, und erst danach schoss ich ein Warzenschwein. Genauer gesagt, einen Frischlingskeiler. Der war für die Farmküche bestimmt.

Vom Pick-up aus hatten wir eine Bache mit vier Frischlingen auf einer vom Dornenbusch geräumten Grasfläche ausgemacht. Geduckt pirschte ich mit dem Farmer auf die Sauen zu. Als wir noch knappe einhundert Meter entfernt waren, äugte die Bache in unsere Richtung. Aber da wir uns nicht mehr bewegten, beruhigte sie sich bald wieder. Keine zwanzig Meter vor uns war ein kleiner Termitenhügel, da wollten wir hin. Es klappte. Am Termitenhügel angestrichen, besah ich mir im Zielfernrohr die Frischlinge. „Nimm den rechten, halte auf das Blatt sowie er breit steht" vernahm ich vom Farmer. Im Knall lag der Frischling, und hochflüchtig ging die Rotte mit steilerhobenen Pürzeln in Richtung Dornenbusch ab. Das hatte gut geklappt. Mein erstes Warzenschwein lag. Ich habe mich über das Keilerchen gefreut, als hätte ich seinen Urahn mit gewaltigem Gewaff zur Strecke gebracht.

Meine jagdlichen Erfolge in Afrika haben nicht darunter gelitten, dass ich einem Kudu-Bullen den Vortritt gegeben habe. Vermutlich hat Diana – und das muss ja in Afrika dann wohl eine schwarze Jagdgöttin sein – mir das nicht übel genommen.

*

Gar lustig ist die Jägerei

Selbstverständlich sollten wir nicht über unsere Mitmenschen schmunzeln oder gar verächtlich die Lefzen nach unten ziehen, wenn sie uns, da der Jägersprache nicht mächtig, von Wildbeobachtung erzählen und dabei so schnacken, wie ihnen der Schnabel gewachsen ist.

Dorfbewohner, die am Wald oder Waldnähe wohnen, sehen viel. Mancher beiläufig erwähnte Hinweis hat schon häufig zu unverhofftem Jagderfolg geführt. Der Jäger sollte ihnen zuhören!

Es stimmt nicht immer, dass bei älteren Damen, wenn sie uns auf dem Weg zur Jagd über den selben laufen, von vornherein alles jagdliche Bemühen vergeblich ist, und man am besten gleich nach Haus fährt! Oder doch?

„Die wilde Else" war eine liebenswerte alte Dame. Den Namen hat sie sich während ihrer aktiven Zeit als Wirtin der kleinen Kneipe am Waldrand eingefangen. Zum Zeitpunkt der nun folgenden Begebenheit befanden sich die Kneipe und auch die Wirtin schon einige Zeit im Ruhestand.

Oftmals hat mich die gute Frau auf dem Weg in meinen Pirschbezirk angehalten, um das ihrer Meinung nach Aktuellste zu erzählen. Einfach vorbeifahren, auch wenn ich es brandeilig hatte, hätte ich nicht übers Herz gebracht. Selten habe ich, trotz anfänglicher Bedenken nach dem Klönschnack mit der alten Dame ausgesprochenes „Waidmannspech" gehabt. Aber da ich ja (bis auf meine stets ungerade Patronenzahl) nicht abergläubisch bin, war das sowieso wurscht.

Seit meinem ersten Zusammentreffen mit der Else duzte sie mich. Nicht nur wegen des gewaltigen Altersunterschiedes stand ihr das einfach zu. So entschied ich letztendlich auch für mich. Zweifelsohne. Nun, denn! „Was machen die Rehe auf dem Rübenacker?" begehrte ich bei einem Zusammentreffen mit ihr zu wissen. „Ooch", kam es in dem ihr eigenen stark Plattdeutsch eingefärbten Schnack zurück. „Da steht jeden Morgen so'n Lütscher mit so'ne Hörner up'n Dassel." Dabei deutete sie die Stangenhöhe zwischen ihren Händen an. Aha, klickte es bei mir, der Bock aus Abteilung 37. Hier steht er also. Die Blattzeit ging dem Ende zu, spute dich Jägersmann.

„Und sonst, kein Rehwild?" hakte ich nach. „Nee, Junge, weiter ist da nichts." Auch diese Anrede stand ihr selbstverständlich zu. Sie schwieg. Ich erschrak richtig, als ich dies bemerkte. Das war nicht ihre Art. Ich sah sie an. Sie fixierte mich ebenfalls.

„Vorgestern, bei Vollmond" begann sie nun, „ich konnte nicht schlafen, die alten Knochen haben mich geärgert. Nun, ich gucke oben aus der Schlafkammer auf den Rübenacker und konnte mit bloßem Auge Schweine im Mondlicht sehen. Was meinste wohl, jede Menge Lütsche und ein paar Größere – und alle mang die Rüben zugange." „Wieviel waren es denn ungefähr?" fragte ich nach. „Na, so lütsche Zwanzig waren es wohl." Diese Rotte kannte ich.

„Das ging 'ne ganze Weile so. Alle schön am Fressen, bis..." jetzt stockte sie.

„Bis was?" fragte ich schnell nach. „Naja, bis so'n großer Kämpe kam!" Sie deutete eine Höhe an, die jedem Haflinger Ehre gemacht hätte. „Na, so groß war er wohl nicht," erwiderte ich. „Naja, vielleicht ein bisschen kleiner," begehrte sie auf, und ihre Hand senkte sich ein wenig. Nun wurde sie richtig biestig. „Der Dicke knuffte eines von den größeren dauernd an, ich konnte das Quieken hören. So'n Biest!"

Es durchfuhr mich heiß. Das musste der Keiler sein, dessen beeindruckende Trittsiegel ich schon ab und zu gefährtet hatte. „Menschenskind, das ist ein Keiler gewesen. Das Stück, dass er „geknufft" hat, war eine rauschige Bache. Liegt zwar nicht ganz in der Zeit, aber das scheint ja nichts Außergewöhnliches mehr zu sein. Den Burschen hätte ich gern vorgehabt.

Nach meinen Worten fixierte sie mich wieder, überlegte eine Weile, grinste mich an und sprach sodann mit todernster Miene: „Das ist doch ganz einfach Junge, wenn heute Nacht wieder Mondlicht ist, setzte dich in meine Schlafkammer, und dann kannst du diesen, Schweinebock, vom Fenster aus totschießen. Dann kann er die anderen nicht mehr knuffen."

Mich hätte es fast aus den Stiefeln gerissen, und beinahe hätte ich laut losgeprustet. Ich beließ es aber bei einem stark gedrosselten Lachanfall. „Das ist ein Keiler und kein Schweinebock," grinste ich sie an. „Ist doch egal," kam es zurück. „Wenn der die anderen ärgert, dann ist das ein Schweinebock, beharrte sie.

„Meine Gute," versuchte ich zu erklären, „die Sauen waren am Rauschen, also damit beschäftigt, sich um ihren Nachwuchs zu kümmern. Was Sie beobachtet haben, ist ganz normal." Das ignorierte sie. „Was ist nun, willste dich ans Fenster setzen oder nicht?" bohrte sie. „Nein," erwiderte ich, „das macht man nicht. So etwas gehört sich nicht für einen ordentlichen Jäger." Ich grinste sie an. „Überhaupt, was sollen denn die Leute denken, wenn sie hören, dass ich aus Ihrem Schlafzimmerfenster einen Keiler geschossen habe?"

Sie zog die Schultern hoch und seufzte. „Schade, ich wollte dir helfen. Naja, dann nicht!" sprach's, verabschiedete sich und zog von dannen. Eine nette Frau. War sie beleidigt? Ich will nicht orakeln von wegen älterer Frauen und Jagd und überhaupt, aber weder den Schweinebock, noch den Rehbock habe ich trotz intensiver Bemühungen vor die Büchse bekommen.

*

Zur Jagd auf unsere Enten gehören nicht nur aus rechtlichen Gründen gute Hunde, um einen ordentlichen Ablauf zu gewährleisten. Leider gibt es derzeit Probleme bezüglich der Ausbildung unserer vierbeinigen Helfer. Doch davon haben wir genug lesen können, und ich möchte das auch nur am Rande erwähnen. Allerdings ist es schwer, unseren Hunden Leistungen abzuverlangen, die wir mit Ihnen nicht realistisch üben konnten, um sie für diese Arbeit fit zu machen. Vielleicht interpretiere ich jedoch das Tierschutzgesetz falsch? Vielleicht ist der Grund aber auch in der seit Jahren zu beobachtenden allgemein anwachsenden Sensibilität bezüglich der uns als Nahrung dienenden Tiere zu suchen? Super-Rambo-Killer-Filme inhaliert unser Nachwuchs schon im Vorschulalter, aber niemand erzählt den Kindern, dass die Zwischenlegscheibe in einem Hamburger, wenn sie denn tatsächlich Rindfleisch enthält, von einem Artgenossen der Lila-Kuh stammt und von Menschenhand getötet wurde, um essen zu können und um zur Freude unserer Kids der dazugehörigen weichen Luffe etwas Geschmack zu vermitteln. Tja!?

Grundsätzlich bekenne ich mich zur Jagd und bin somit verpflichtet, der Kreatur, die ich bejage, Leiden zu ersparen. Ein guter Hund kann vorkommende Patzer ausbügeln. Nur, er muss die Arbeit beherrschen! Vielleicht bilden wir unsere Jungjäger ja demnächst nicht mehr an der Waffe aus?! Das wird schon irgendwie klappen im Revier? Furchtbare Gedanken.

Ich hatte bislang nur Gelegenheit, auf Stockenten zu jagen, somit kann ich auch nur von diesen berichten. In der Küstenregion gibt es da sicher vielfältigere Möglichkeiten.

Seit Jahren fahren wir mit etlichen Schützen im September zu einem nicht weit von unserem Revier entfernten Brunnenfeld, um die dort in der Dämmerung einfallenden Enten zu bejagen. Voraussetzung ist natürlich, daß in diesem Wassereinzugsgebiet die großen Becken noch Wasser führen. Beim Anpirschen an diese teils schilfumsäumten Wasserflächen am späten Nachmittag haben wir die eine oder andere Ente, die bereits auf dem Wasser lag und bei unserem Erscheinen aufstieg, erlegen können. Wenn es erst einmal geknallt hatte, war die Luft ringsum voller Enten. Schoof um Schoof strich ab, um nach mehreren Erkundungsrunden in größerer Höhe urplötzlich mit enormer Geschwindigkeit sturzflugartig und erst kurz vor dem Wasser stark „abbremsend", wenn man das einmal zwar unwaidmännisch, aber zutreffend sagen darf, einzufallen. Phantastisch anzusehen, wenn zig Enten in der Luft sind und sich mit ihren Schwingengeräuschen, dem Klingeln, dem Jäger bemerkbar machen, bevor sie einfallen wollen. Wenn dieses Klingeln deutlich zu hören ist, gilt es, in der Deckung zu bleiben und den günstigsten Moment für eine Schussabgabe beim Einfallen abzupassen.

Häufig ist mir dabei eine Doublette gelungen. Man darf sich nur nicht zu früh aus der Deckung begeben oder sich auffällig bewegen, sonst sind die Breitschnäbel sofort wieder weg. Das Schilf ist natürlich für die Schaffung eines Ansitzplatzes ideal, hat jedoch den Nachteil, zumindest in den teilweise noch trockenen Septembertagen, dass auch ein paar Mücken den Luftraum um den still hockenden Jäger plötzlich als wahnsinnig interessant erachten. Da ich mittlerweile weiß, dass mich ohne Ausnahme alle stechenden Tierchen mögen, habe ich jagdlichen Erfolg häufig mit unzähligen Einstichen der lieben Moskitos und ihren Verwandten erkaufen müssen. Jedoch, was sind schon zehn bis zwanzig Einschläge an Händen, Hals und Waden gegen das faszinierende Erleben speziell einer Entenjagd. Aber, dass nicht nur die Mücken eine Entenjagd stören können, beweisen die folgenden Zeilen.

Bei einer dieser Aktionen, es war ein sehr warmer Septemberabend mit dementsprechendem Mückenaufkommen, hatten wir gewaltigen Entenstrich, und es gab ordentlich etwas zu tun für uns. Zu meiner linken am unteren Uferrand auf ca. hundert Meter stand ein Bekannter mit seinem in Ausbildung befindlichen Wachtelrüden. Auch meine Wachtelhündin war dabei, und Tessy hatte mir schon einige erlegte Enten brav aus dem Wasser apportiert. Der noch junge Rüde meines Nachbarn äugte der Hündin interessiert nach, wenn diese zu Wasser ging, um zu apportieren.

Nach erfolgreichem Schuss auf einen Breitschnabel kam Tessy mit der Ente im Fang an das Ufer und lief in meine Richtung. Irgendwann war das der Reizeinheiten zuviel. Der junge Rüde zog an und bums lag sein Chef im Gras. Nach einer Standpauke, der er interessiert folgte, saß der Rüde wieder brav bei Fuß und beobachtete seinen Herrn. Als dieser nach einiger Zeit erfolglos eine Ente beschoss, stürmte der Rüde, die lederne Verbindung zwischen ihm und seinem Chef völlig außer acht lassend, in Richtung Becken. Das hatte zur Folge, dass der Jäger das zweite Mal mit dem Boden Bekanntschaft machte. So ein Wachtelrüde hat Mumm in den Knochen. Diese Show-Einlagen haben mich letztendlich sicher zwei bis drei Enten gekostet. Aber mach mal was, wenn dauernd einer umfällt. Ich musste mich zwingen, meinen drohenden Lachanfällen Herr zu werden. Nach einiger Zeit gelang mir das. Mein Nachbar hatte mit seinem Rüden wiederum akkurate Verhaltensweisen angenommen.

Aus der untergehenden Sonne strichen Enten in meine Richtung, und nach einigen immer tiefer werdenden Kreisen, während der sie im dunklen Osten schon unsichtbar waren, fielen sie ein. Kurz bevor sie wasserten, konnte ich die erste und eine zweite beim Abstreichen erlegen. Die zuletzt erlegte Ente fiel auf Land in der Nähe meines Nachbarn zur Linken. Das macht Freude, wenn es dermaßen klappt. Die Erstbeschossene wurde von meiner Hündin aus dem Becken apportiert. In diesem Moment hörte ich gewaltiges Krakele bei meinem Nachbarn. Man soll es nicht glauben, der Bengel lag schon wieder lang und war just dabei, sich und seinen Hund zu entflechten. Ich war erst erschrocken, aber anscheinend war nichts passiert. Der junge Rüde bekam den dritten Teil bezüglich der Verhaltensregeln auf einem Stand speziell für Jagdhunde lautstark von seinem Chef vermittelt. Wiederum lauschte er aufmerksam diesen Ausführungen.

Anschließend bekam ich auf Anfrage Auskunft über den Grund des dritten Aufschlages. Die zuletzt von mir beschossene Ente war, wie bereits angedeutet, nicht weit von den beiden auf dem Boden aufgeschlagen. Das ging ja noch. Aber nach Sekunden schlug die Ente noch einmal mit den Schwingen. Das war zuviel für den jungen Hund, und ab ging die Post. Somit verhalf er seinem Chef zum dritten Mal an diesem Abend zu Bodenkontakt. Das war's dann auch. Wir haben an diesem wunderschönen Abend, der nur von den Moskitos gestört wurde, eine ordentliche Strecke gehabt. Noch auf dem Weg zum Sammelplatz war andauernd das Wasserplatschen beim Einfallen der Enten zu hören. Gewaltig, was in diesem Jahr für Enten diese Fläche frequentierten.

Nun ist es ja leider nicht so, dass, obwohl vorhanden, immer Unmengen an Enten bei der Jagd auf dieselben vorhanden sind. Wenn dann der einzige Erpel, den man auf dem Abendstrich erlegt hat, sich später auf dem Teller als Urahn aller im Umkreis von mehreren hundert Kilometer vorhandenen Stockenten erweist, dann bleibt so ein Abend sicher in guter Erinnerung. Allerdings haben wir in den Brunnenfeldern selten Pech mit der Strecke.

Während einer Stokeljagd Anfang Januar auf Hase, Kanin, Fasan und Fuchs wurde in einem Revierteil, der nahe an einem Kanal liegt, ein einzelner Erpel von meinem Nachbarn beschossen. Der Erpel strich krank in Richtung Kanal ab und landete prompt auf einer großen Eisscholle mitten in dieser Wasser-Eiswüste. Wir konnten gerade noch einen Drahthaar stoppen, der eben im Begriff war, in den gefährlichen, halbaufgetauten und mit riesigen Eisschollen versehenen Kanal zu stürmen, um den Erpel zu apportieren. Da lag er nun der Erpel. Guter Rat war teuer. Nicht nur, weil es des Schützen erster Erpel war, überlegten wir krampfhaft, wie wir dem Enterich beikommen konnten. Nein, auch deshalb, weil man doch einen so leckeren Braten nicht einfach seinem Schicksal überlassen kann. Der Sohn des Pächters schlug vor, sein Schlauchboot zu holen und damit durch Eiswasser und Schollen rangierend den Erpel zu bergen. Ich hielt das für zu gefährlich und winkte ab. Als jedoch der Vater des Jungen der Aktion zustimmte, gab es für den jungen Mann kein Halten mehr. Ein zweiter Freiwilliger fand sich, und beide trotteten zum Dorf, um das Boot zu holen.

Es war recht kalt an diesem Januartag und da wir bislang in Bewegung waren, fingen wir bei der Warterei an zu frieren. Der längst verendete Erpel lag auf der Scholle und harrte der Bergung. Gott sei Dank ist in solch einem durch Schleusen begrenztem Kanal ja keine allzu große Wasserbewegung, im Winter bei Eis schon gar nicht.

Alsbald kamen die beiden mit dem Boot an. Wir ließen das Boot zu Wasser, und die beiden stachen in See. Es hat lange gedauert, bis sie an der Eisscholle mit dem Erpel ankamen. Immer wieder mußten größere Schollen umfahren oder auch weggedrückt werden, um eine Fahrrinne zu schaffen. So ein Gummiboot ist bis zu einem gewissen Grad flexibel. Mit einem stabilen Kahn wäre die Aktion schiefgegangen.

Die an Land gebliebenen Akteure versuchten teilweise gleichzeitig, mit lautem Rufen und allen möglichen Handzeichen bezüglich der einzuschlagenden Fahrtroute Empfehlungen zu übermitteln. Faszinierend. Die Bengels im Boot hatten anscheinend andere Sorgen, denn sie reagierten nicht auf die gut gemeinten Ratschläge. Es hat, wie gesagt, lange gedauert, bis der Erpel unter euphorischem Beifall mit Hilfe eines der Riemen über die Bordwand des Bootes geschoben wurde und die Besatzung glücklich angestrandet wieder festen Boden unter den Füßen hatte. Der kurze Januartag war zu Ende und somit auch unsere Jagd. Es wurde ein lustiger Abend. Nun sollte man meinen, dass ein unter solch dramatischen Umständen geborgener, ersterlegter Erpel eine besondere Zuwendung bei der weiteren Behandlung bis hin zum köstlichen Braten erfährt?! Denkste! Bedingt durch unaufschiebbare, dienstliche und anderweitige Verpflichtungen wurde der potentielle Braten vergessen und musste nach einigen Tagen den Gang alles Irdischen antreten. Das ist hart! Zumindest für die selbstlosen Rettungsmänner.

Es gibt allerdings Menschen, die einen Entenbraten sehr schätzen. Ich gehöre auch dazu, und ich freue mich über jede Gelegenheit, einen dieser schmackhaften Vögel habhaft zu werden. Die

Liebhaber des köstlichen Entenbratens finden wir in allen Bevölkerungsschichten, und es sind sogar ansonsten der Jagd eher skeptisch gegenüberstehende Menschen dabei. Kaum zu glauben?!

Mit einem befreundeten Jäger war ich ebenfalls Anfang Januar an einem Teich, der sich auf der Fläche einer alten Erzgrube befindet, zur Entenjagd verabredet. Er hatte mich des Mittags bei forstlichen Arbeiten im Revier angetroffen und wir vereinbarten den Treffpunkt unmittelbar nach Feierabend. Patronen und Hund hatte ich dabei und brauchte somit nicht erst den Umweg nach Haus zu machen, um mich auszurüsten. Dummerweise ging mir dadurch aber auch das Abendessen durch die Lappen, und mit leerem Bauch friert es sich schneller. Meine ich jedenfalls. Meine junge, unerfahrene und sich noch in der Ausbildung befindliche Wachtelhündin hatte keine Probleme mit dem Wetter. Ihr Wurfbruder, der von meinem Bekannten geführt wurde und von dessen alter Hündin die beiden Junghunde abstammten, war schon etwas weiter mit der Ausbildung und nahm mit großer Passion das Wasser an. Meine kleine Kröte tat sich da noch schwer. Aber es klappte auch so. Der Bekannte hatte mich vorgewarnt, ja genug Patronen einzustecken. Leider war ich dem irrigen Glauben erlegen, mit meiner Zehnerpackung zurechtzukommen.

Es kam, was kommen musste. Alsbald stand ich ohne Patronen da. Immer wieder fielen durch die am Rand des Teiches stehenden Erlen hindurchstreichende Enten auf dem Wasser ein. Ich mußte tatenlos zusehen und sehnte die Nacht herbei, um meinem Mitstreiter die Patronenschlappe nicht eingestehen zu müssen.

Jedoch, umsonst war der himmelwärts gesandte Stoßseufzer. Irgendwann bemerkte er meine Passivität. „Warum schießt du nicht mehr?" rief er von der Seite. „Meine Patronen sind alle" gab ich kleinlaut zurück. „Ich hab dir doch gesagt, steck genug ein! Warte, ich bringe dir ein paar!" Puh! Peinlich sowas, absolut. Auch diese Patronen waren bald verbraucht. Aber nun war Feierabend, das Licht reichte nicht mehr. Wir haben an diesem Abend gut zwei Dutzend Enten geschossen. Ein gewaltiges Erleben. Die Hunde hatten sich ordentlich betragen, und die Aktion hatte noch vorhandene Mängel in der Ausbildung aufgezeigt. Diese galt es, mit weiteren Übungen auszumerzen.

Zufrieden mit uns und der Welt fuhren wir zum Hof des Bekannten, legten Strecke, und einige der Breitschnäbel konnte ich für den eigenen Topf mit nach Haus nehmen. Schön so etwas. Ich freute mich auf die bevorstehenden Entenbraten. Die gibt es nicht allzu oft. Da mein mittlerweile absolut leerer Magen um umgehende Füllung heischte, nahm ich das Angebot zu einem Umtrunk nur widerwillig, aber der Höflichkeit gehorchend, an. Wenn man Auto fährt, kann man sich keine Faxen erlauben. Dabei spielt der Zustand des Magens nur vordergründig eine Rolle. Den Schnaps habe ich abgelehnt, die Flasche Bier hingegen beim Klönschnack über den erlebten Abend langsam ausgetrunken. Dass so eine kalte Flasche Bier dem durch vorhergegangenes stundenlanges Stehen erkalteten Jägersmann nicht unbedingt zuträglich ist, ist nichts Neues.

Somit begab ich mich umgehend, leise vor mich hinfröstelnd, auf die Heimreise. Bedingt durch die Tatsache, dass die Flasche Bier ein noch größeres Hungergefühl erzeugte, gab ich ordentlich Gas, um alsbald vor dem heimatlichen Brotkorb zu hocken. Dummerweise befand sich unter anderem der Auspuff meines Autos in einem etwas desolaten Zustand. Das hatte einige Kilometer vor dem heimatlichen Stall zur Folge, dass ich einen Streifenwagen erst im Kielwasser und anschließend kellenwinkenderweise vor meinem Bug hatte. Also, anhalten!

Die Streifenbeamten kannte ich weitläufig und der Streifenführer kam auf mich zu. „Aha, der Herr Jäger, guten Abend! Kann es sein, daß der Auspuff kaputt ist?" grinste er mich an. „Unwesentlich" gab ich ebenfalls grinsend zur Antwort. „Ich finde der Sound ist gut." „Lass das mal in Ordnung bringen, den linken Scheinwerfer ebenfalls, bevor das auffällt" sprach nun der Schutzmann. Nachdem ich höchst erstaunt den defekten Scheinwerfer zur Kenntnis genommen hatte, versprach ich umgehende Beseitigung der angemahnten Mängel. Der Schutzmann schnürte mit hocherhobenem Windfang, hörbar Luft einziehend, um meine Figur herum, um sich über die wohl bemerkte, schwache Bierfahne ein besseres Bild machen zu können. Das Ergebnis fiel positiv für mich aus.

Während des folgenden Plausches wurde offenbar, dass ich just von der Entenjagd kam. Um es kurz zu machen. Zwei der potentiellen Braten wechselten, natürlich außerdienstlich und auf rein privater Basis, den Besitzer. Ist doch schön, wenn man echten Liebhabern unseres Wildes eine Freude machen kann.

*

Von vornherein möchte ich betonen, dass Füchse im Grunde genommen nur indirekt mit dem Zigarillo, von dem hier die Rede ist, in Verbindung gebracht werden können. Aber ohne dieses Zigarillo wäre wahrscheinlich einiges anders gelaufen an diesem Winterabend. Darüber besteht für mich kein Zweifel.

Nach tagelangen, recht strengem Frost hatte es nun doch noch einmal geschneit. Wohl kaum jemand aus der grünen Zunft hatte noch ernsthaft damit gerechnet. Aber nun war ausreichend Licht vorhanden, also raus ins Revier!

Da auch an diesem Abend etliche Minusgrade herrschten, kramte ich meine alte Ansitzhose raus. Nicht nur, um der Kälte zu trotzen, nein, auch um eine sich gerade am Abklingen – so dachte ich zumindest – befindliche Erkältung wenigstens im derzeitigen Stadium zu halten. Da ich die olle Büx mangels fehlender Einsatzmöglichkeit bezüglich der Witterung seit Monaten oder vielleicht seit Jahren nicht mehr anhatte, erfolgte als erstes eine Erkundung in deren reichlich vorhandenen Taschen.

Taschentücher, etwas Papier für „andersartig gelagerte" Bedürfnisse, leere Patronenhülsen. „Meine Güte, von wann sind die denn?" Erinnerungen wurden wach. Aber weiter: Streichhölzer und – sieh' da – eine Blechschachtel mit Zigarillos. Mal nachsehen; sieben Stück der kleinen schwarzen Dinger kullern in der Blechdose – schon alttrocken – hin und her. Seit einiger Zeit schon rauche ich nur noch Pfeife. So kann ich den ungefähren letzten Einsatztermin der kleinen Glimmstengel nachvollziehen. „Nee, damit fängst du nicht wieder an. Weg damit... aber, aber..." Mein 'Bequemlichkeitsteufelchen' hämmert plötzlich gewaltig los. „Was soll das? Nimm sie mit, ist doch problemloser als Pfeife, Tabakbeutel, Pfeifenstopfer und die Arbeit mit dem ganzen Zeug!" Meine rechte Hand war schon überredet, und zack, versank die Blechdose wieder in der Tasche.

„Na ja, die paar Dinger kannst du ja noch wegqualmen", sagte ich mir, „wäre ja jammerschade, wenn sie weggeworfen würden". Nachdem ich so im Reinen mit mir war, zog ich, warm verpackt, zum Ansitz. Innere Freude erfasste mich. Einerseits, allerdings größtenteils, auf die kommende sicherlich herrliche Winternacht, andererseits auf die wieder entdeckten kleinen „Rauchopfer", die ich mir während des Ansitzes zu Gemüte zu führen gedachte. Man kann sich so schnell zufriedenstellen, wenn man will, dachte ich.

Ich hatte meine halboffene Kanzel im Altholz erreicht. Nachdem ich möglichst leise meinen Platz eingenommen hatte, erkundete ich erst einmal sorgfältig meine Umgebung. Nichts. Nach vorne fällt das Gelände leicht ab und steigt nach ungefähr vierzig Metern wieder an. Genau an der tiefsten Stelle durchläuft zu meiner Blickrichtung ein Wildwechsel. Sauen, Rehwild, auch Fuchs benutzen ihn. Rechts Stangenholz und links ebenfalls Stangenholz. Der Wechsel selbst ist nur auf etwa fünfzig Meter einzusehen, und auch bei nicht vorhandenem Laub muß diese Breite ausreichen, um über jagdlichen Erfolg oder Misserfolg zu entscheiden. Gegenüber, hangaufwärts, gibt es aber noch etliche Lücken in der Verjüngung, die ebenfalls ein ordentliches Ansprechen und Schießen erlauben, ein vielversprechender Sitz.

Was hat diese Ansitzeinrichtung im Laufe der Jahre vielen Jägern, alten und jungen schon alles gebracht? Vieles ging mir in der ersten halben Stunde durch den Kopf.

Böcke tauchten vor meinem inneren Auge auf, die hier gestanden hatten, nun aber längst bei ihren stolzen Erlegern an den Wänden hängen. Oder Sauen! Einzelne Stücke, ganze Rotten, die oft unbeschossen blieben, weil es zum einen das Gesetz so verlangte, zum anderen ein Ansprechen nicht möglich war. Füchse! Die Fähe, die im Sommer mit dem Fang voller Mäuse daher schnürte und trotzdem nach meinem Mäuseln wie erstarrt stehen blieb. Ich wage zu bezweifeln, dass noch ein weiterer der Nager in ihrem Fang Platz gehabt hätte. Hase, Marder, Iltis und Dachs waren mir vor dieser „Drückjagdkiste", wie ich die Kanzel getauft hatte, in Anblick gekommen. Ich kann mich nur an wenige Stunden ohne Wildanblick entsinnen.

Ursprünglich sollte es wirklich nur eine „Drückjagdansitzgelegenheit" werden, diese Drückjagdkiste. Aber, siehe oben!

Langsam fischte ich mir ein Zigarillo aus der Blechdose, versenkte diese wieder lautlos in die Tasche und fingerte nach dem Feuerzeug. Bevor ich mich zum Feuernehmen mit dem Kopf hinunter bis zur Kanzelverkleidung bückte – das mache ich immer so –, ein prüfender Blick in die Umgebung und auch auf den Wechsel. Nichts! „Denn man tau, Lunte". Die Flamme erlosch, die Mini-Brasil war unter Dampf. Ein erster Zug noch in Tauchstation, auch, um die Augen wieder an das Licht zu gewöhnen, ein zweiter Angriff auf die Lungenflügel und nun den Schädel sachte, sachte über die Kanzelbrüstung gehoben.

Fast wäre mir der eben angesteckte Glimmstengel aus dem Wurf gefallen. Da stand doch keine fünfzehn Schritt entfernt ein Fuchs vor der Kanzel. Wo kam denn der her? Mann, oh Mann, nichts gehört, nichts gesehen, verdammte Qualmerei. Was nun?

Der Fuchs sicherte mit hoch erhobenen Fang in meine Richtung, und wenn er schon meine Kippe zwischen den Lippen nicht sah, weil ich mich nicht mehr traute, zu atmen, dann musste er mit Sicherheit meine weit aufgerissenen Augen sehen. So ging das sekundenlang – eine Qual –! Warum rührt sich Reineke nicht? Urplötzlich und, wie mir schien, leicht provozierend, schnürte er langsam halblinks an mir vorbei.

Mit den Augen verfolgte ich ihn bis zu einer dicken Buche, hinter der er für Sekunden verschwand. Diese Zeit reichte, um das Zigarillo aus dem Mund auf das Sitzbrett zu befördern und die Büchse in Halbanschlag zu bekommen. Mehr war nicht drin. Denn just, als er die Buche passiert hatte, äugte er sofort wieder zu mir herauf. Keine zehn Meter entfernt, scharf halblinks, fast im Wind. Ein unmöglicher Schußwinkel! Mein Büchsenlauf zeigte in den Himmel. Das war vorher doch nicht so, hat der Rote bestimmt gedacht. Millimeterweise senkte sich die Büchse in Richtung Fuchs. Der Hals von Reineke wurde dafür Richtung Jäger immer länger. Ich hatte eine unmögliche Sitzposition, traute mich aber um nichts in der Welt, mich auch nur einen Millimeter mit dem Becken linksseitig zu verlagern. Das Spiel ging weiter. Jetzt tränten mir schon die Augen. Ich hoffte nur, dass ich jetzt keinen Hustenanfall bekam.

Ich weiß nicht, wie lange das so ging. Aber es kam mir unendlich vor. Alles an mir fing an zu bibbern, nicht vor Kälte, es war die körperliche Qual. Eine Entscheidung mußte her! Er oder ich? Er! Drei, vier schnelle Schritte und... Reineke hatte im wahrsten Sinne des Wortes offenbar die Nase voll von mir. Denn spätestens nun musste er meinen vollen Wind haben – hatte er auch –, und ab ging die Post. Ein schwarzer Strich zog sich durchs Altholz, bis ihn die Nacht verschlang.

Nun hätte ich mich eigentlich bequem hinsetzen können; tat ich aber nicht. Mit halb abgesenkter Büchse, starren Blick in Richtung des soeben Entschwundenen, ließ ich erst einmal einen gewaltigen Luftzug durch meine Lunge rauschen. Erst jetzt bemerkte ich, dass ich während der ganzen Aktion kaum geatmet hatte und eigentlich dem Erstickungstod nahe sein musste. Noch mal atmen, noch mal und noch mal. „Nu geiht dat wedder"!

Wo liegt denn das verdammte Zigarillo? Übel meines Unvermögens, o Elend, Elend – hier, da ist es ja! Rein in den Mund und Flamme, ohne meine sonstigen Vorsichtsmaßnahmen. Habe immer noch die gleiche Sitzstellung. Dann inhalieren und Blick nach vorn, der Körper sitzt ja schon richtig. Auf ein Neues!

Was steht denn da vor der Kanzel? Jetzt fliegt mir aber förmlich die Kippe aus den Zähnen. Ein Fuchs! Auf wohl fünfzehn Meter! Wie gehabt! „Was läuft hier?" durchfährt es mich.

Dieser Vertreter der Sippe Reineke war so nett, mir weitere Qualen zu ersparen: Er empfahl sich mit einer blitzartigen Flucht und hinterließ einen Jäger, der sich dann doch über den Tabakgenuss im allgemeinen und auf dem nächtlichen Ansitz im besonderen tagelang das Hirn zermarterte.

Ein dritter Fuchs kam nicht mehr, obwohl die Blechdose verschlossen blieb. Oder vielleicht gerade deswegen? Aber es war eine herrliche Schneenacht. Einige Tage später schoss ich von dieser Kanzel aus einer Rotte von elf Sauen einen Überläufer. Die Pfeife voll Tabak danach war vorzüglich.

*

Vor, während und nach einer gut geleiteten Jagd kommen unsere Jagdhörner zum Einsatz. Dieser schöne und zweckmäßige Teil unseres jagdlichen Brauchtums innerhalb des Jagdbetriebes gehört einfach dazu. Ich will nur hoffen, dass das auch in Zukunft so bleibt. Was wäre eine Gesellschafts- oder, wie es heute bevorzugt heißen soll, Gemeinschaftsjagd ohne Hörnerklang?

Wenn wir nur mit Funksprechgeräten oder Handys, deren Zweckmäßigkeit in vielen Situationen absolut nicht in Frage gestellt werden soll, arbeiten, beraubten wir uns eines großen Teils der Stimmung, der Poesie. Der Klang der Hörner beflügelt doch unsere Erwartung bei Beginn und Ablauf der Jagd. Er ist je nachdem fordernd oder Einhalt gebietend, bedeutet nicht nur Sicherheit, sondern auch Stimmung und Atmosphäre im rauhen Jagdbetrieb.

Am Ende des Jagdtages verkünden die Hörner für alle hörbar unseren Dank und steigern das Empfinden gegenüber dem Wild, das auf der Strecke liegt, und für das Erlebte. Und fordern zum geselligen Beisammensein auf. Ach, was wäre unser jagdliches Handwerk doch arm dran, wenn Hörnerklang uns nicht mehr begleiten würde? Hut ab vor denen, die es – häufig unter Einsatz von viel Zeit und Geduld – auf sich nehmen, kommenden Jägergenerationen auf so ansprechende Art gute Bräuche weiterzugeben.

Wir alle wissen aber auch, von den „Profis" der Bläsergruppen einmal abgesehen, dass zum Aufgang einer Gesellschaftsjagd bei den meisten „Gelegenheitsbläsern" arge Not bezüglich der Technik, speziell der Atemtechnik besteht.

Recht undefinierbare Töne, die nicht nur durch das evtl. erkaltete Mundstück entstehen, zeugen von mangelnder Übung. Wie angenehm, wenn beispielsweise beim Ertönen der „Begrüßung" sichere Bläser die eigenen Mißtöne selbstbewußt überdecken und einem das Gefühl geben, man habe selbst gar nicht zu fehlerhaft getutet.

Aber dann, wenn man beim Anblasen eines Treibens auf sich allein gestellt ist, kommt oft die Stunde der Wahrheit.

Einerseits bin ich ein passionierter Jägersmann, dem der Umgang mit dem Horn vertraut ist, aber andererseits gewinnt trotz des Bewusstseins, dass Jagen eine ernstzunehmende Angelegenheit ist, meine Frohnatur die Überhand.

Es gibt nämlich Situationen, in denen ich ums Verrecken einfache Signale wie „Das Ganze" oder „Langsam Treiben" nicht aus dem Horn bekomme, weil ich minutenlang nicht in der Lage bin, ernst zu bleiben. Daran sind dann meist die ersten falschen Töne, die meinem Pless-Horn entfleuchen, schuld. Was soll man dagegen tun? Denn nach dem Versuch, meinen Lachanfall zu unterdrücken, folgt dann nicht selten ein Schluckauf, der weitere Blasversuche völlig unmöglich macht.

Am Ende des Jagdtages fordern sie zum geselligen Beisammensein auf.

Aber man darf als Bläser (wie ja auch bei anderen Gelegenheiten) nicht um eine Ausrede verlegen sein. Erklärungen wie „Das war ein neues Signal" oder „Tabak im Mundstück gehabt" sind noch harmlos. Andere Jagdteilnehmer unken nicht selten ihrerseits mit Aussprüchen wie: „Jetzt weiß ich, wo die Sauen waren: bei dir im Horn". Oder es folgt die gebräuchliche Empfehlung: „Üben, üben, üben..." Was soll' s? Da muss man durch.

Nicht ganz so einerlei waren mir einige Situationen: So zum Beispiel jene, bei der ich aus irgendwelchen Gründen zu spät zur Jagd kam. Aber passiert ist passiert. Der Jagdherr hatte bereits mit der Begrüßungsrede begonnen, als ich mich unter seinem strafenden Blick in die Bläsergruppe einreihte.

Durch die Hektik der Situation blies ich nach der Aufforderung: „Hörner auf!" prompt das Signal „Begrüßung". Das war jedoch schon längst vor meinem Eintreffen geschehen. Die Mitbläser ließen korrekterweise „Aufbruch zur Jagd" ertönen. Das Ganze hat sich sicherlich grauselig angehört. Ich erstarrte am Horn.

Unlängst ist es einem unserer Bläser passiert, statt der „Begrüßung" das „Hirsch tot" zu intonieren. Auch nicht schlecht!

Das Schlimmste jedoch war, dass ich nach meinem Patzer nicht wusste, wie ich meinen drohenden Lachanfall, trotz der zweifelsohne ernsten Lage, bremsen sollte. Wiederum folgte ein zu recht strafender Blick des Jagdleiters sowie ein rechtsseitiger Rippenstoß meines Nachbarn. Wäre gar nicht nötig gewesen. Ich hatte längst auf absolute Sendepause gestellt und hielt das Horn nur noch aus optischen Gründen an den Lippen und tat so als ob. Mann, oh Mann, war das peinlich.

Eine weitere Situation, noch als ganz junger Jäger am Ende einer ländlichen Treibjagd. Die bunte Niederwildstrecke lag vor uns: Hase, Kanin und Flugwild.

Die Reihenfolge der Signale war klar. Sollte sie zumindest sein. Das „Hase tot" erklang fehlerfrei, und folgen sollte das Totsignal für die Lapuze. Prompt intonierte ich stattdessen „Flugwild tot". Entsetztes Stocken bei meinen zwei Mitbläsern. Ich blies, warum auch immer, unbeirrt allein weiter. Und zwar so lange, bis mich die beiden während des Signals, um keine Fragen aufkommen zu lassen, wieder begleiteten. Das ging total daneben. Was nun zu hören war, hätte manchen Rockmusiker aufwerfen lassen. Das totale Chaos war perfekt. Abrupt beendeten wir seltsamerweise gleichzeitig, dieses neu kreierte Jagdsignal.

Die ganze Meute lag sich danach in den Armen. Tolle Sache! Wir haben dann alles wiederholt, ordentlich und nach dem geltenden Standard. Das folgende Schüsseltreiben mit mehreren geradezu diskriminierenden Wortmeldungen werde ich wahrscheinlich mein Leben lang nicht vergessen.

Ein anderes Mal, oh Hubertus verhülle dein Angesicht, war ein Jungjägeranwärter hautnaher Zeuge meines Versuchs, ein Treiben abzublasen. Die Teilnehmer unseres Jungjäger-Lehrgangs waren den angestellten Schützen zugeteilt worden, um praktischen Jagdbetrieb zu erlernen und zu erleben. Man hatte sie vorsichtshalber unter anderem auf die Wichtigkeit des Erkennens der sogenannten Leitsignale hingewiesen. Zweifelsohne eine gute Sache.

Es hatte ordentlich geknallt bei unseren Nachbarn. Leider kam mir kein Stück schussgerecht vor die Büchse. Das bedauerte nicht nur der mich begleitende angehende Jungjäger. Ich setzte, nachdem ich dem Aspiranten erklärt hatte, dass ich jetzt das Treiben abblasen würde, das Horn an die Lippen. Eigentlich sollte nun das Signal „Hahn in Ruh" ertönen. Denkste. Das, was ich aus dem Horn hervorzauberte, hätte sicher jedem gestandenen Hornisten

Tränen in die Lichter gejagt und sacht aus den Stiefeln gehoben. Es klappte nicht.

Mein Zuhörer sah mich zunächst unsicher an, begann erst mäßig, danach allerdings recht ungehemmt – es war nach dem dritten oder vierten Versuch – seine Zurückhaltung fallen zu lassen. Meine Autorität war dahin; ich gab auf, zumal ich mich gewaltig zusammenreißen musste, da sich mein eigenes Zwerchfell in „Hab-Acht-Stellung" begab. Ich war beim besten Willen nicht mehr in der Lage, dieses einfache Signal ertönen zu lassen.

Gott sei Dank hatten die anderen Bläser meine Stümperei mitbekommen, und das von ihnen geblasene „Hahn in Ruh" erklang so, wie es nun einmal klingen muss, um jeden Jäger zum sofortigen Entladen seines Gewehres zu veranlassen.

Auch an diesem Tag musste ich mir einiges anhören; vornehmlich nette, ausschließlich seriöse Empfehlungen für kommende Blaseinsätze.

Das alles war und ist jedoch kein Grund für mich, das Jagdhornblasen aufzugeben, denn ein geselliger Jagdtag ohne Hörnerklang ist für mich, und sicherlich für die meisten Jäger, wie eine Suppe ohne Salz.

*

Über die Dickfälligkeit der Sauen im Rottenverband kann man sich oftmals nur wundern. So vorsichtig unser Schwarzwild ist, wenn es allein seine Fährte zieht und fast immer bei den geringsten von uns fabrizierten Geräuschen hochflüchtig abgeht, umso dreister sind Rottenverbände, wenn sie sich sicher fühlen.

In einem am Waldrand gelegenen Weizenschlag waren die „schwarzen Gesellen" seit einigen Nächten tätig und hatten erheblichen Schaden angerichtet. Daueransitz inklusive Schichtwechsel mehrerer Jäger hatte zu keinem Erfolg geführt.

In unmittelbarer Nähe des Feldes befand sich ein großer Parkplatz mit angrenzender Rasenfläche. Diese Fläche wurde im Sommer häufig von recht vielen Menschen neben harmlosen Freizeitbeschäftigungen bei Tag und Nacht verbotenerweise auch als Zelt-, Feuer- und Grillplatz genutzt. Der Lärm, der diesen Platz fast ständig umgab, ließ einen Ansitz in seiner Nähe zur Qual werden. Doch, was musste, das musste, da die Sauen den Weizen malträtierten.

Für das Wochenende hatte ich mir mit zwei Mitjägern einen Generalangriff auf die zu Schaden gehenden Sauen vorgenommen. Leider war am ersten Ansitzabend ausgesprochen schönes Sommerwetter. Es war warm, kaum Wind zu spüren, und der aufsteigende Mond sorgte für eine fantastische Atmosphäre. Aber genau das hatte sich auch bei den Nichtjägern herumgesprochen.

Der besagte Parkplatz füllte sich schon am frühen Abend mit Unmengen von Menschen. Ein Auto nach dem anderen störte mit Krach und Gestank die herrliche Abendstimmung. Nach jedem Türenschlagen erhöhte sich die Dezibelzahl am mittlerweile entfachten Lagerfeuer durch die neu hinzukommenden „Naturfreunde". Um das ganze auch richtig genießen zu können, durfte laute, aktuelle „Mucke" nicht fehlen.

Es drängt sich bei mir die Frage auf, ob einige unserer Mitmenschen erst ab 100 Dezibel richtig konversieren können. Feiern ist schön, klare Sache. Aber wenn jeder Autostop am Wald oder im Feld nur noch mit Techno-Rhythmen bewältigt werden kann, dann liegt doch einiges im argen!

Als wir uns zur gemeinsamen Ansitzaktion trafen, mussten wir das oben Geschilderte betrübt feststellen. Eine ansonsten vielversprechende Ansitzleiter in unmittelbarer Nähe des Feten-Platzes fiel dadurch absolut aus. Es wäre unerträglich gewesen, wenn man dort hätte ansitzen müssen.

Kurzfristig disponierten wir um und verteilten uns ein wenig entfernt vom Platz, um die Ackerfläche zumindest von einer Seite einsehen zu können.

Unsere Stimmung war mies. Wer oder was sollte bei dem Krach, der mittlerweile aus diversen Auto-Radios zu uns „herüberhämmerte", schon Appetit auf einen Besuch im Weizenfeld haben? Sauen wohl kaum. Aber wir waren nun einmal da und was wäre die Jagd ohne Hoffnung?

Langsam wurde es dunkler. Der Mond gab jedoch prima Licht, herrlich! Meinem Mitjäger, der direkt am bereits angemähten Weizenschlag saß, räumte ich die geringsten Chancen ein, Schwarzwild überhaupt auch nur zu erahnen. Zu dicht saß er an der Lärmquelle.

Je mehr die laue Nacht sich neigte, um so lauter wurden unsere „Naturfreunde". Wahrscheinlich spielte nun auch der Alkohol eine nicht unwesentliche Rolle bezüglich der Geräuschkulisse. Bei der zu hörenden Musikmischung konnte einem schwindelig werden.

Irgend wann hatte ich die „Faxen dicke" und wollte unverzüglich abbauen, als es links von mir knallte. Ein Schuss? Richtig, ein Schuss! Gerade noch aus dem Sommernachtssound herauszuhören.

Donnerwetter! Der Jäger zur Linken, der dem Open-Air-Festival nur gut 150 Meter entfernt saß, hatte geschossen. Hoffentlich auf Sauen, ging es mir durch den Kopf. Er wird doch wohl keine Probleme mit den Festival-Teilnehmern haben. Heutzutage weiß man ja nie!

Aber nein. Schon schoss auch mein Nachbar unmittelbar links neben mir. Unverzüglich hatte ich meine Büchse parat. Wenn die beiden eine Rotte beschossen hatten, konnten die Sauen auch bei mir durchkommen. Leider kam nichts bei mir an.

Nach Minuten ließ die Spannung nach, und ich nahm das Glas an die Augen. Nichts zu sehen auf dem Feld. Keine Bewegungen im Weizen. Die Rotte war also wieder in den Wald gewechselt.

Nach geraumer Zeit baumte ich ab und ging zu den anderen. Genau zwischen ihnen und dem lauten Parkplatz war die Rotte seelenruhig in das Feld gezogen, erzählte der Freund, der ganz dicht am Parkplatz saß. Wahnsinn!

Auf dem bereits gemähten Vorgewende kam er auf einen Frischling zu Schuss. Durch einen unbeabsichtigten Paketschuss lagen dann zwei Wutze am Anschuss. So etwas passiert!

Die Rotte flüchtete weiter nach rechts in das Feld. Als sie kurz verhoffte, kam auch der nächste Schütze auf einen Frischling zu Schuss. Auch dieser lag.

Vermutlich reichte das der Leitbache und „ab ging die Post" zurück in den Busch. Insgesamt waren an die fünfzehn Sauen im Feld. Wer hätte das gedacht bei dem Krach? Vermutlich hatten die Sauen diese Lärmquelle, da schon öfters vernommen, als harmlos eingestuft. Dass allerdings trotz der nervenden Geräuschkulisse Jägersleute am Waldrand „hocken" konnten, war vermutlich ein „Denkfehler" der Leitbache.

Wir philosophierten auf dem Heimweg noch ausgiebig über das Verhalten der Sauen. Darüber waren wir uns einig: Bei dem

Lärm hätte keiner von uns mit dem Einwechseln der Sauen in den Weizen gerechnet!

An den nächsten Abenden, es waren Wochentage, brachten die Ansitze keinen Anblick. Was den Wildschaden anbetrifft, war das auch gut so.

Am kommenden Tag sollte nunmehr der restliche Weizen gemäht werden. Einmal noch wollten wir der Sauen harren.

Sie kamen nicht. Auf der späten Heimfahrt unterbrach der Freund die Stille und meinte so nebenbei „War ja schön die Ansitzerei. Aber wenn nichts passiert, ist es doch irgendwann recht öde. Nächstes Mal nehme ich ein Kofferradio mit und stelle die „Mucke" ordentlich laut. Die Sauen brauchen das. Ich wette, dass sie dann kommen"! Ordentlich lachen konnten wir über dieses Ansinnen. Probiert haben wir es allerdings bislang noch nicht.

*

Jagdzeug

Nachfolgend möchte ich einige jagdliche Utensilien auf ihre heutige Einsatzintensität beleuchten. Manches, das vor nicht all zu langer Zeit schier unentbehrlich schien, kommt heute kaum noch zum Einsatz.

War der Rucksack bei unseren Vätern noch ein Ausrüstungsgegenstand, auf den man absolut nicht verzichten konnte, so ist er bei

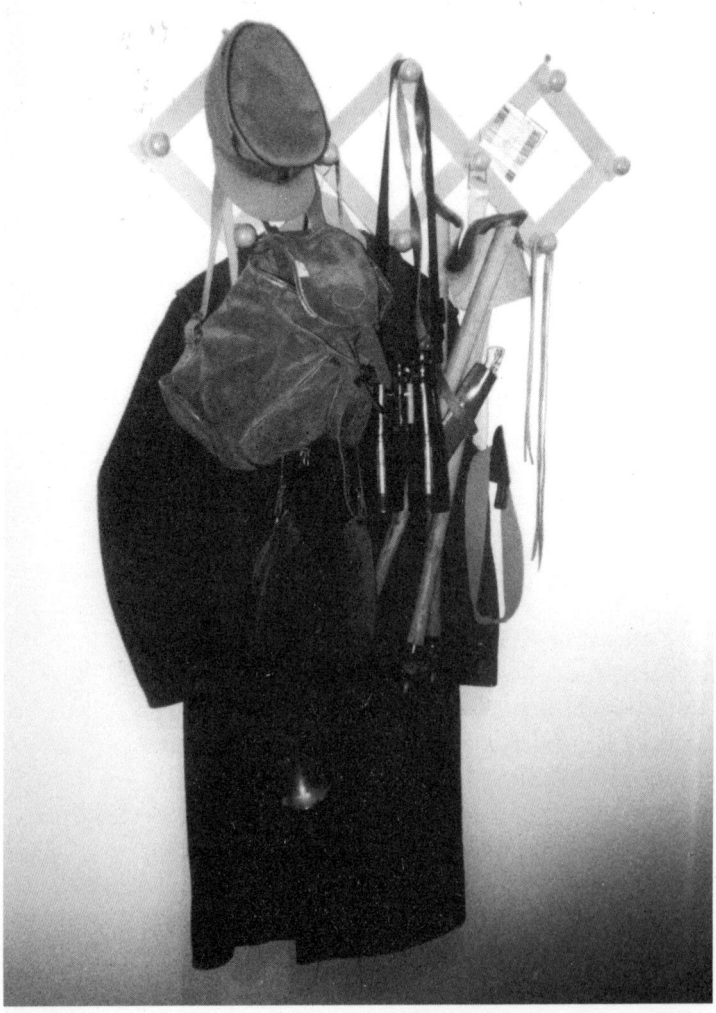

vielen von uns schon längst nicht mehr der ständige Begleiter bei der Ausübung unserer Passion.

Der eine oder andere nutzt ihn noch als malerisches Deko-Teil für seine Jägerbude. Bei vielen hängt er allerdings vergessen irgendwo an einem rostigen Nagel. Hat er nicht verdient!

Wenn ich an die wunderschöne Zeichnung von Heinz Geilfuss denke, auf der einige Jägersleute rucksacktragend und durch faltenbildend derselben Gesichter zaubernd, die jeweilige Stimmung ihres Jägers suggerieren, so wird klar, welchen Stellenwert der Rucksack derzeit hatte.

Es soll Rucksack-Veteranen geben, die drei Jägergenerationen gedient haben. Curt Strohmeyer hat einmal seine Gefühle vortrefflich geschildert, nachdem der ererbte Rucksack trotz diverser Ausbesserungs- und Erhaltungsmaßnahmen Rehbock beschwert seinen Geist aufgab. Für ihn war das eine der denkbar größten Katastrophen. Zum einen, weil der heißgeliebte nicht mehr zu reparierende Stofffetzen nun endgültig den Gang allen Irdischen antreten musste und zum anderen die Schande, auf den nächsten Jagden mit einem neuen noch in den Nähten quietschenden Nachfolger auflaufen zu müssen. Was für ein Malheur!

Ein alter Rucksack, getragen von Grünschnäbeln, suggeriert jagdliche Erfahrenheit. Es gibt da Parallelen zu anderen Ausrüstungsgegenständen. Man muss da nur dran glauben. Manch einem hilft es, wenn er mit einem Fossil von Jagdtasche aufläuft, aus dem ganz offensichtlich schon Widukind seine Brotzeit gezückt hat. Ist doch toll!

Zurück zum Rucksack. Er hat im Zeitalter der geländetauglichen Fahrzeuge beinahe ausgedient. Und dennoch ist er hin und wieder auf den herbstlichen Jagden zu sehen. In so ein geräumiges Stück Stoff, Leder, Loden oder aus neueren Materialien, ratsamerweise mit Schweißeinlage und einer gehörigen Anzahl von Außentaschen versehen, lässt sich allerhand unterbringen. Über die diversen Modelle nach Art und Güte kann man nicht diskutieren. Vom konservativen Leinenmodell bis hin zum Hightech-bag gibt es die tollsten Sachen. Das ist Geschmackssache.

Für mich war es als Jungjäger wichtig, genügend Platz für das erlegte Wild zur Verfügung zu haben. Da hat der Standard-Rucksack allemal ausgereicht. Bei den Flintenjagden passierte es schon einmal, dass innerhalb eines Treibens oder einer Streife der „Hasensarg" arg schwer wurde. Rehwild habe ich nur zweimal darin transportiert. Es ist aber eine feine Sache, wenn man eine längere Strecke bis zum Auto hat. Absolut handlich. Es gibt ja auch ein sauberes Bild ab, wenn die Läufe und das mit dem letzten Bissen versehene Haupt des Rehbockes aus dem Rucksack herausschauen.

Die Gamsjäger nutzen die Vorzüge dieser Transportart noch alltäglich. Auch dem besten Geländewagen sind am Berg Grenzen gesetzt. Aber auch ansonsten bietet der Rucksack natürlich Möglichkeiten, sich für einen langen Jagdtag mit dem Notwendigsten auszurüsten.

Es gibt die neueren Modelle mit Klappstuhl, in den mittlerweile lt. UVV-Jagd vorgeschriebenen Signalfarben. Eine beliebte Kombination in Schweden, wie ich feststellen konnte. Nach dem Motto Klappstuhl, klönen, kauen habe ich die schwedischen Freunde als begeisterte Fans dieser Machart kennen gelernt. Die Jungs sehen sich nicht so oft wie wir, und Klönschnack muss sein. In der geschilderten Art sicher nicht die unbequemste Methode.

Zurück zu unserer Region. Der sorgfältig mit diversen Dingen gepackte Rucksack war bei meinen ersten Treibjagdeinladungen genauso wichtig wie die gehörige Menge an Schrotmunition. Quantitativ war beides grundsätzlich überzogen. Aber die Befürchtung, das eine oder andere einmal zu wenig am Mann zu haben, hat Mengenreduzierungen nur zögerlich zugelassen.

An belegten Broten und diversen Naschereien habe ich meist so viel dabei gehabt, dass ich ohne weiteres eine gute Woche jenseits jeglicher Zivilisation überlebt hätte. Natürlich gehörte die Kaffee gefüllte Thermoskanne dazu, und auch die kleine Wärmflasche für das ganz Innere durfte nicht fehlen. Reservemesser, ein kleiner Strick, Taschen- und Handtücher, Regenumhang sowie eine Garnitur für drunter und drüber mussten sein. Man konnte ja nicht wissen, wie das Wetter wird. Das Auto hat man häufig erst am Abend wiedergesehen. Manchmal auch erst am nächsten Tag. Nicht wahr?!

Es ist grauenvoll, beim Schüsseltreiben in nassen Klamotten herumzuhängen. Reservemunition und der damals noch unentbehrliche Tabak ergänzten diese Liste. Da hatte das Ding schon ein ordentliches Gewicht. Das merkt man allerdings im Eifer des Gefechtes kaum. Wenn ich es jedoch irgendwie einrichten konnte, legte ich mein „Packerl" auf den Wildwagen. Der Herrscher über dieses Gefährt war mit einem wärmenden Schluck aus der flachen Buddel und einer Tabakspende schnell überredet. Die älteren Herren taten das gleich am Anfang der Jagd und fassten in den Pausen das eine oder andere nach. Der Wildwagen war eh der Treffpunkt zwischen den Treiben. Ohne Rucksack war man einfach nicht richtig „angezogen".

Als die Kriterien dieses Standards abbröckelten, verschwanden auch allmählich die Rucksack tragenden Jäger. Das, was man noch am Mann haben musste, konnte man im Mantel oder in der Jacke verstauen. Mäntel und Jacken sind immer raffinierter in der Ausstattung geworden. Die Dinger haben Taschen an allen möglichen und unmöglichen Stellen, und nass wird man auch nicht mehr bei den modernen Fasern. Wozu noch einen Rucksack?

Bestenfalls kann die alte Patronentasche noch als „Mini-Rucksack" Dienste leisten. Dies alles ist nicht dazu angetan, dem guten alten Jagdbegleiter noch große Chancen für ein Comeback einzuräumen. Und doch ist er, Gott lob, noch da und wird es sicher auch noch eine ganze Reihe von Jahren durchhalten. Überaus praktisch ist er allemal, wie wir festgestellt haben, und Gott sei Dank ist ja die ein oder andere Ansitzmöglichkeit soweit vom Auto entfernt, dass sich der Einsatz des Rucksackes lohnt. Wenn schon nicht im heimischen, dann aber verstärkt in ausländischen Revieren mangels ausreichender Wegenetze.

Vom damals treuen Begleiter meiner Jungjägerzeiten habe ich mich seinerzeit nur selten für längere Zeit getrennt. Eines Tages jedoch wurde er von einem kleineren Modell abgelöst. Somit bezog er seinen vorläufigen Ruheplatz. Der Kofferraum war für ihn erledigt.

Meine Terrierhündin war als Welpe eine ausgesprochen zierliche Kröte. Der Transport im Rucksack gefiel ihr genauso wenig wie das Einstudieren der Stubenreinheit. Sie hat sich gegen beide Übungen mit Erfolg gewehrt. Bis zu dem Zeitpunkt, als sie in den Zwinger kam, den sie solange mit einer Wachtelhündin teilen musste, bis sich beide derbe keilten, hat sie regelmäßig in die Wohnung genässt.

Genauso regelmäßig hat sie in meinen Rucksack gekotzt. Sowas kann ja mal komisch riechen. Da knallen dir sämtliche Flicken aus der Hose. Meine Säuberungsaktionen verfolgte sie mit leicht schief gehaltenem Kopf und grundsätzlich im Wind der Schweißeinlage hockend. Sie genoss das offensichtlich mit steigender Begeisterung. Liebes Hundchen, gell?!

Eine weitere Trennungsphase bezüglich der Benutzung meines Rucksackes wurde schusseligerweise von mir herbeigeführt. Ich hatte mein erstes Schmalreh in diesem Jagdjahr erlegt und gewaltigen Appetit auf die Leber. Sie landete im Rucksack. Zu Haus angekommen hing ich gedankenverloren den selben im Carport an einen Nagel und gönnte mir mit dem lieben Weibe einen Tottrinkeschoppen. Vergessen war der Pfannenschmaus. Auch die nächsten Tage keine Spur von Leber.

Als meine Terrierhündin den ihr verhassten Rucksack immer intensiver umkreiste, wurde ich stutzig. Ich näherte mich dem Segeltuchgebilde. Na ja, der September hat ja oftmals warme Tage, und dann sind die blauen Schwärmer unterwegs. Mit angehaltener Luft inspizierte ich die Schweißeinlage. Das war keine Leber mehr. Das war eine in sich lebende Masse, die am Entfleuchen vorläufig nur dadurch gehindert wurde, dass man im derzeitigen Entwicklungsstadium noch nicht steil nach oben kam, um sich die Weltgeschichte anzuschauen.

Ich bin diesbezüglich so schnell nicht zu beeindrucken. Aber diese Entsorgung hat mir zu schaffen gemacht. Das sind Momente, da braucht man einen Angler. Der kann da was mit anfangen. Die Hündin war stinksauer, als sie nichts von der laufenden Leber abbekam. Das hätte noch gefehlt. So einen Hund kannst du eine Woche nicht in das Auto lassen. Heute esse ich wieder Leber.

Doch zurück zur Ausrüstung. Auch die altbewährte Patronentasche hat mangels fehlender Flintenaktivitäten an Popularität verloren. War sie bei der Flintenjagd einst absolut unentbehrlich, so haben die bereits erwähnten Super-Jackenmodelle den hühnergalgengeschmückten Begleiter fast überflüssig gemacht. Auch tragen viele Jäger einen patronengespickten Gürtel und können somit die Tasche leicht entbehren. Durch geschickte Mengenverteilung in den Vieltaschenjacken hat man natürlich den Vorteil der gleichmäßigen

Gewichtsverteilung. Fünf Zehnerpackungen Schrotmunition bei wenig Anlauf den ganzen Tag auf einer Seite schleppend, fördert verspannte Muskeln.

Da in meiner Region das Niederwild zur Zeit besatzbedingt nicht intensiv bejagt wird, kommt meine alte Patronentasche, wie bereits erwähnt, als „Mini-Rucksack" bei den Drückjagden zum Einsatz. Den Hühnergalgen habe ich in Rente geschickt, und dafür hängt das Horn in einer der Verschlußschlaufen. Siehste wohl! Des weiteren kann man bequem Kugelpatronen, Taschentücher, Messer und sonstige kleine Unentbehrlichkeiten verstauen. Am Stand angelangt, kommt die Tasche an den nächsten Ast und ist somit keine Last mehr. Es gibt also berechtigte Hoffnung für ein Überleben der Jagdtasche.

In diese Hoffnung schließe ich auch den Sitzstock ein. Ich meine den guten alten Krückmann mit aufgeklappter Segeltuch- oder Ledersitzfläche. Mittlerweile gibt es ja zig verschiedene Modelle, sich sitzenderweise dem Treiben zu widmen. Klappstühle, mit und ohne Armlehne, Drehtellerstühle, Dreibeine in allen Größen und verschiedenen Materialien, englische Ansitzstühle, Mini-Steckmechanismus-Stühle und was es da noch alles gibt.

Diese „Newcomer" hatten eine Zeitlang, so meine ich beobachtet zu haben, den altehrwürdigen Krückmann ein wenig an die Wand gedrückt. Auch ich habe eine Zeitlang verschiedene Modelle getestet. Heute marschiere ich wieder mit dem Krückmann los oder nehme ein lederbespanntes, hölzernes Dreibein mit größerer Sitzhöhe mit. Das tut auch dem Rücken gut.

Natürlich machen wir alle, je nach Jagdmöglichkeit, die unterschiedlichsten Erfahrungen bezüglich unserer Ausrüstungsgegenstände. Aber das eine oder andere verschwindet schon einmal aus unserem täglichen Jägerleben, während anderes unerwartet Auferstehung feiert.

Und noch etwas. Was ist mit den Kniebundhosen los? In meiner Gegend trägt kaum noch einer die einst heiß geliebten Kniebundhosen. Auch auf den Fotos der Jagdzeitschriften sind nur noch selten Jäger mit dem einst so typischen Bekleidungsstück der deutschen Jäger zu sehen. Das kurze „Hoserl" ist scheinbar aus den grünen Kleiderschränken verschwunden. Ich muss gestehen, dass auch meine letzte Kniebundhose aus wunderbarem weichen Leder seit Jahren im Schrank hängt. Zur Zeit hat die lange Lederhose das Sagen. Soweit das Auge reicht. So ist es natürlich auch mit den Exemplaren diverser Stoffqualitäten. Die einstmals unentbehrliche Kniebundhose ist, ich betone, in unserer Region zum Exoten mutiert.

Dass das nicht nur den kleinen Ausrüstungs- oder Bekleidungsstücken passieren kann, dass sie aus der Mode kommen, erfahren wir in den nächsten Zeilen.

*

In den Jahren, in denen ich aktiv im Wald gearbeitet habe, sind neben einiger anderer Fabrikate drei VW-Käfer draufgegangen. Natürlich waren die Käfer nicht mehr brandneu. Eigentlich haben sie bei mir nur noch eine Galgenfrist bis zur letzten Fahrt zur Schrottpresse bekommen. Aber für meine Zwecke reichten sie allemal. Bis zu dem Tag, an dem selbst ausgebuffte Mechaniker den Totenschein ausstellen mussten, sind die drei braven Gefährten treu im Einsatz gewesen. Niemals hat mich einer im Stich gelassen.

Die großen Räder der Karre im Winter mit ordentlichen M+S-Reifen bestückt, würden auch heute sicher manchen Möchtegern-Off-Roader alt aussehen lassen. Was mussten meine Käfer alles über sich ergehen lassen, oder sagen wir mal, was habe ich den Oldies alles zugemutet.

Jagd- und Forstgehilfe.

Der rechte Vordersitz fehlte fast immer wegen der Hunde und anderer Zuladung. Ein Dachgepäckträger war wichtiges Bestandteil dieser Autos. Wenn ich Schmuckgrün oder Weihnachtsbäume transportierte, war die Karre zum einen stets gut getarnt und zum anderen war es im Inneren durch nur noch auf dem Fahrersitz vorhandenen Platz recht gemütlich und anheimelnd. Nur meine Hunde fanden das meistens nicht zu lustig, wenn sie nur noch mit den Köpfen aus den Bunden herausschauten. Aus Rache, aber sicher nicht nur deswegen, waren grundsätzlich nach kurzer Zeit die Polster angeknabbert, oder gar, und das fand ich nun wieder nicht so lustig, da kostenintensiv, meine im Auto verbliebene Baschlikmütze in ihre einzelnen Bestandteile zerlegt. Es gab eine Zeit, da kam der Uniformvertreter, geschäftstüchtig, wie er nun einmal war, schon grinsend mit einem Karton Mützen unter dem Arm zum Bestelltermin in die Försterei. Was soll's?

Mein alter schlesischer Forstaufseher-Kollege Alfred hat mich einmal in der für ihn typischen zärtlichen Art für geistesgestört erklärt, als ich ihm sagte, dass ich die fünf Fichtenabschnitte, die wir geastet hatten und die bei 2,50 Meter Länge und einem Durchmesser von 10 bis 20 cm sauschwer waren, alle auf meinen Dachgepäckträger zur Försterei bringen wollte. „Da kunnst allene fahr'n, meinst, ich will mit dir in einem Bache landen und verrecken? Da hab ich vor Jahren schon a mol dringelegen"! Basta! Zumindest half er beim Aufladen. Alles Zureden half nichts, ich fuhr allein. Der Käfer „hat schwer gekriegt", würde mein Freund Pietie sagen, aber ich kam an. Tolle Sache.

Fichtenstangen rücken per Heckstoßstange kannten meine Käfer ja allemal, wenn es hieß, das Baumaterial zum Standort einer neuen Leiter zu transportieren. Aber nun auch noch Industrieholz-kurz. Da waren ja bestimmt noch Steigerungen drin.

Aufgrund des nicht vorhandenen Vordersitzes waren Wildtransporte von größerer Menge ohne weiteres möglich. Mein Freund Ernst band sein erlegtes Rotwild auf die Haube des Käfers. Hat immer geklappt, trotz teilweise unzureichender Sicht.

Wir hatten nach einer Treibjagd in einem großen Brunnenfeld wohl um die zweihundert Kreaturen abzutransportieren. Mangels größeren Fahrzeuges verteilte der Förster die Strecke auf mehrere

Pkw's, um das Wild die gut zwanzig Kilometer bis zur Försterei zu transportieren. Auch ich wurde mit einer Teilstrecke bedacht. Das war natürlich kein Problem bei meinem vorhandenen Stauraum. Ein Problem hatte nur der mitfahrende Praktikant. Mit Todesmut nahm er auf der Rückbank meines „Leichenwagens" Platz. Dann habe ich die mir zugeteilte Strecke um ihn herum dekoriert.

„Kannst du mal ein Fenster aufmachen", kam es nach kurzer Zeit von hinten. Im Rückspiegel konnte ich ein leicht blassgrünes Antlitz zwischen Hund, Kaninchen, Hasen und Füchsen orten. Na gut, also Fenster auf. Es stank natürlich in der Karre wie „kleines Raubtierhaus". Wie Wild nun einmal riecht, wenn einige zu kurz liegende Schrotgarben für großflächige Balgöffnungen gesorgt haben. „Herrje, du kannst dich aber auch anstellen", gab ich grinsend nach hinten. Er stöhnte nur noch. Auch lehnte er als Nichtraucher dankend eine Umluftverbesserung durch Tabakqualm rigoros ab. Dann eben nicht.

An der Försterei angekommen, entnahm ich meinem Auto das Wild. Mein Praktikant zog sich schwerfällig aus dem Sitz und torkelte an die frische Luft. Hörbar zog er diese ein und war bald wieder der Alte. Na, bitte.

Allerdings ist auch mir einmal der zweifelhafte Spaß an intensivem Wildgeruch vergangen. Wir hatten am Wochenende mit ein paar Flinten auf Kaninchen gestokelt und waren recht erfolgreich. Ein paar Lapuze nahm ich für die eigene Küche mit und packte sie unter die Kofferraumhaube des Käfers. Aus irgendeinem Grund habe ich die grauen Flitzer vergessen.

Dann kam Frost, und ich bekam die Haube nicht mehr auf. Noch hatte ich keinen Arg. Allerdings hätte mich das überaus große Interesse meiner Terrierhündin für das Käfervorderteil aufwerfen lassen müssen. Aber, da es wie bereits erwähnt, immer ein bisschen im Innern meines Gefährtes roch, maß ich dem Benehmen meiner Hündin vorläufig keine Bedeutung bei.

Es wurde wärmer, und es wurde feierlich in meinem Auto. Meinem Hund gefiel das. Da fiel der Groschen. Ich pirschte zur Haube und öffnete diese langsam. Nun, ich will nicht sagen, dass mir die Reste der Lapuze entgegenkamen, dazu war es zu kalt. Einem bekannten Jäger ist das einmal im Hochsommer mit einem Rehbock passiert. Den haben, wenn ich recht informiert bin, die Maden über die Stoßstange getragen. Auch meine Kaninchen sahen nicht mehr gut aus, und sie stanken bestialisch. Dieses Kanin-Parfüm ist der Käfer nicht mehr losgeworden. Er hat es auch, als es zu Ende ging mit ihm, mit auf den Schrottplatz genommen. Der Platzwart hat zwar verstört dreingeschaut, als er mir meinen getreuen Gefährten abnahm, aber ich wette, dass, wenn ich die Karre in das freie Feld gestellt hätte, noch mancher Fuchs mit meinem Rucksack Bekanntschaft gemacht hätte.

Leider habe ich auch ein paar Mal wintermäßig Lehrgeld bezahlen müssen mit meinen Käfern. Einmal hatte ich einen Frischling unter der Haube und nahm bei vereister Straße die Kurve zu flott. Rumms, hing ich an einem Apfelbaum. Diesen umklammerte die Stoßstange mit solch einer Inbrunst, dass ich Mühe hatte, die Karre wieder zu befreien. Auch die Haube war dabei aufgesprungen, und die Sau hing quer vor dem Baum. Aber ansonsten war ihr nichts passiert. Meine blauen Flecke waren schnell vergessen.

Ähnlich erging es einer uralten Ricke, die ich genauso transportierte. Mit ihr verließ ich nun schon geübt die Straße ebenfalls bei Glatteis und heizte in einen jüngeren Erlenbestand. Die Diagnose hierfür – siehe oben –.

Doch dann, Elend, Elend, erwischte ich nach erfolglosem Abendansitz auf vereistem Wirtschaftsweg die falsche Fahrspur in einer Serpentine und „hussa" landete ich im Altholz. Ohne Holz berührt zu haben. Das war gut. Ich sondierte die nicht ganz aussichtslose Lage. Rückwärtsschaukelnd kam ich tatsächlich mit den Hinterreifen bis auf den Weg in die vereiste Schlepperspur. Das war auch noch gut. Doch dann war Schluss. Ein Käfer hat bekanntlich Heckantrieb. Sie wissen schon.

Auf dem Abendansitz hatte ich gefroren, jetzt stand ich nach zwanzig Minuten nur noch im Hemd, dampfend wie ein Wurstkessel und vollkommen aufgeweicht neben meinem Auto. Bis zum Eintauchen des linken Vorderreifens in die gefrorene Schlepperspur hatte ich unter wahnsinnigen Anstrengungen mein Käferlein aus dem Bankett gedrückt. Da darf man sich nicht wundern, wenn heutzutage der Orthopäde eiligst sein gesamtes Praxispersonal zusammentrommelt, um eine Lehrstunde über schrottreife Bandscheiben vor den Röntgenbildern zu inszenieren. Schrott hat er gesagt, wirklich Schrott!

Ich konnte kaum noch drücken, so fertig war ich. Natürlich kommt in einer solchen Situation niemand des Weges daher. Ist denn niemand bei diesem herrlichen Schneewetter draußen? Was gibt das bloß für Weicheier!? Handys gab es damals noch nicht. Ich pumpte schier nach Luft, kühlte die heiße Stirne mit Schnee, stemmte mein Rückteil an den Radkasten, ergriff diesen von unten an der Kante und drückte, was das Zeug noch hergab. Alle Zylinder liefen auf Hochtouren. Vermutlich traten meine Lichter dabei nicht unerheblich aus ihren Höhlen heraus. Flapp! Das schönste Flapp des Tages. Der Käfer stand wieder voll in der Spur. Ich lag daneben, und wurde erst munter und raffte mich auf, als es unangenehm kalt am Rücken wurde.

Das war die absolute Härte. Aber ich habe es überlebt. Meine Käfer haben es auch nach diesem Ausrutscher immer gut bei mir gehabt. Da bin ich nicht nachtragend.

Jedoch der Käfer, wohlgemeint das alte Modell, ist heute eine Rarität. Wer hätte das einmal gedacht? Off road ist aktuell, und es ist noch gar nicht so lange her, dass ein Geländewagen in der Hand eines Jägers noch die Ausnahme war. Die paar Modelle, die vor zwanzig Jahren auf dem Markt waren, hatten die unangenehme Begleiterscheinung, für den „normal" verbrauchenden Jäger unerschwinglich zu sein. Somit habe auch ich zwar sehnsüchtig nach diesen weit jenseits meines Geldbeutels dahinrollenden Karossen geschielt, jedoch lange, lange blieb es vorerst ein Traum, bis ich eines Tages glücklicher Geländewagen-Fahrer wurde.

Es ist eben ein besonderes Gefühl, in so einem hohen Bock von heutigem Geländewagen zu sitzen. Sicherlich einer der Gründe, warum der Markt seit Jahren boomt. Man kann an der Ampel so herrlich gelangweilt auf den „tief unten fahrenden Rest" der Verkehrsteilnehmer herabschauen. Schon mal gesehen? Selbst ansonsten harmlose Familienväter bekommen einen abenteuerlichen, entschlossenen Gesichtsausdruck, wenn sie hinter dem erhöhten Lenkradspeichen hocken und Weib und Windelwichte chauffieren. Eben ein anderes, neues Fahrgefühl. Natürlich gibt es jede Menge anderer Autos, die für unsere Revierverhältnisse ausreichend sind. Aber, des Menschen Wille ist bekanntlich sein Himmelreich.

Von so einem „anderen" Auto möchte ich noch erzählen. Es war in Polen. Auf den ersten Blick hatte dieses Gefährt absolut keine off-road-Qualitäten. Mein Jagdführer Marek kam mit der Karre am Tag meiner Ankunft zur Lagebesprechung angerauscht. Er war schon von weitem zu hören, nachher auch zu riechen. Ich weiß bis heute nicht, um was für ein Fabrikat es sich gehandelt hat. Ich vermute mal, bei der gewaltigen Improvisationsgabe der Polen war es eine Marke „Eigenbau". Das Vehikel sah von vorn einer Ex-DDR-Rennpappe ähnlich, hatte nur Fahrer und Beifahrersitz, aber eine Ladefläche. Wenn ich es also mit dem sich langsam in unsere deutsche Jägersprache einschleichenden Begriff „Pick-up" taufe, liege ich bestimmt nicht ganz verkehrt.

Die Federung war entsetzlich. Meine Bandscheiben und auch mein rechter Fuß litten gewaltig bei den notwendigen Geländefahrten. Letzterer, weil der Schaft auf den Fuß aufgestützt, meiner Büchse die harten Stöße ersparen sollte, um somit größere Beschädigungen der Waffe zu vermeiden. Wir saßen furchtbar eng. Meinen Hut mußte ich vor dem Einsteigen abnehmen, sonst lag er im Dreck neben dem Gefährt. Es war faszinierend für mich, dieses neue Fahrgefühl erleben zu dürfen, zumal das Fahrgestell auch noch ziemlich flach lag; für einen Geländewagen jedenfalls.

Nachdem der Motor endlich angesprungen war, hielt ich krampfhaft balancierend meine Büchse fest. Der rechte Fuß diente, wie erwähnt, als Stoßdämpfer. Mit der linken Hand hielt ich bei Bedarf den Schaltknüppel in seiner jeweils letzten Position fest, wenn mein Freund Marek durch das Gelände heizte. Vergaß ich das anfangs, trotz Einweisung, sprang unweigerlich der Gang raus.

Mareks Blick zur Gangschaltung ließ dann keine Fragerei mehr aufkommen. Der Fahrer war, um den Gefahren und Tücken der polnischen Feld- und Waldwege gerecht zu werden, so mit dem Lenkrad beschäftigt, dass er keine Möglichkeit sah, sich auch noch um die jeweils notwendige Stellung seines Schaltknüppels zu kümmern. Das klappte nach einiger Zeit vorzüglich mit uns beiden.

Da es auch oft jenseits der Wege zur Sache ging, stieg meine Achtung bezüglich der Fahrkünste Mareks sowie der Kondition dieses stinkenden Autos gewaltig. Eigentlich habe ich jederzeit damit gerechnet, wenn wir uns nach diversen Schlaglöchern wieder der

Erde näherten, dass sich sein „Gutt Jagdauto", so nannte Marek es, in zig Teile zerlegen würde. Nichts da, der Wagen hielt das aus. Er war in gewisser Weise flugtauglich, aber Wasser, wie wir gleich sehen werden, konnte er nicht ab.

Auf einem relativ breiten Waldweg befand sich vor uns eine riesige Pfütze; links und rechts standen Kiefern. „Oh, Mann, dat geiht in die Büx", dachte ich noch. Mareks Gesichtsausdruck avisierte jedoch absolute Entschlossenheit bezüglich der Wasserarbeit seines Autos. Festhalten wäre gar nicht mehr möglich gewesen. Wir kamen nicht mal bis zur Mitte, und schon saßen wir fest. Nachdem die Bugwelle die Sicht wieder freigegeben hatte und ich Marek „Wassereinbruch" melden musste, nützten keine Bemühungen mehr, den Wagen wieder flott zu machen. Vorwärts, rückwärts, nichts lief mehr.

Nach einem (allen Jägern, die schon mal dort waren, bekannten) polnischen Fluch, grinste Marek mich an und gab mir zu verstehen, dass er einen Traktor organisieren wolle. Ich sollte mich man solange in den Busch setzen und auf die Hirsche aufpassen. Das dauerte Stunden, Hirsche kamen nicht.

Das war allerdings auch der einzige Ausfall dieser überaus strapazierfähigen polnischen Eigenkomposition.

Man kann am Beispiel des „Gutt Jagdauto" sehen, dass auch mit vermutlich geringen Mitteln zusammengeschusterte autoähnliche

„Das Gutt Jagdauto" mit meinem 1. Rothirsch.

Gebilde zweifelsohne unseren jagdlichen Bedürfnissen gerecht werden können. Meine anfängliche Skepsis bezüglich dieses kleinen, vor sich hinstinkenden Gefährtes legte sich von Tag zu Tag, und letztendlich ist so etwas wie eine richtige Freundschaft daraus geworden. Dieses „Gutt-Jagdauto" holte nämlich den ersten von mir erlegten Rothirsch aus dem wunderschönen Revier, in dem ich eine Woche mit Marek jagte.

Die von Marek sicherlich bewusst langsam in Szene gesetzte Heimfahrt mit dem versorgten Hirsch hinter uns auf der Ladefläche bleibt mir ein unvergessenes Erlebnis.

Ich wähnte mich, wie in längst vergangenen Zeiten nach erfolgreicher Pirsch, „stolz auf einer Herrschafts-Kutsche sitzend und dem heimatlichen Stall zurollend". Man muss ab und zu einmal träumen dürfen.

Die Fahrt zum Erlegungsort des Hirsches war geländemäßig sicherlich das schwerste Stück Arbeit für das „Gutt-Jagdauto". Wohl um die fünf Kilometer lagen zwischen dem Erlegungsort und dem vor der Pirsch irgendwo im Busch abgestellten Wagen. Da bereits Dunkelheit herrschte, konnte ich, beim erlegten Hirsch sitzend, die kommenden Scheinwerfer sehen, mal gespenstisch in den Himmel leuchtend, mal waren sie verschwunden, wenn Dellen und Gräben passiert werden mussten. Wahnsinn, was dieses Auto geleistet hat!

Das Fazit: für welches Auto man sich als Jäger letztendlich entscheidet, ist natürlich eine Frage des Geschmacks, oder? Es wäre nur schade, wenn auch die abgelegenste Revierecke keine Ruhe mehr vor unseren Geländewagen hätte; zumal wir uns ja vorgenommen haben, des öfteren wieder einmal auf Schusters Rappen zu pirschen.

*

Was habe ich als junger Jäger nicht alles getan, um ordentlich ausgerüstet zur Jagd zu erscheinen. Tagelanges Abwägen, was die Kleiderordnung anbetraf, Waffe, Messer und – natürlich ganz wichtig – die Menge Patronen, die man für solch eine Aktion brauchte. Manche Nachtstunde musste dafür herhalten, wenn plötzliches Erwachen die Nachtruhe störte. Aber im Laufe der Jahre wird man ruhiger.

Die ersten jagdlichen Großunternehmungen im dörflichen Kreis waren durchweg Einsätze für die Flinte. Hasen und auch Fasanen konnten in diesen Treiben nach Herzenslust bejagt werden. Das alles war klar. Zehn, zwanzig oder gar dreißig Patronen für die Flinte, das war nicht klar.

Ich will gar nicht schwindeln: Grundsätzlich hatte ich zu viel Munition dabei. Aber welche Schande, wenn man den Nachbarn schon nach dem zweiten Treiben um Munition bitten muss. Meine Patronentasche sah natürlich dem entsprechend gut genährt aus.

Die Taschen der erfahrenen Waidgesellen baumelten eher schlaff und verdächtig glatt an den Seiten ihrer Träger. Die unnötig mitgeschleppten Patronenvorräte fingen natürlich an, Schulter- und Halsmuskeln ordentlich zu drangsalieren. Seltsamerweise hatten auch die Nachbarn mehr Anlauf und pfropften munter aus ihren eigentlich unterernährten Patronentaschen seelenruhig nach. Keinen habe ich über Munitionsmangel klagen hören.

Vielleicht haben sie es einfach verschwiegen und durch ihre jahrelange Bekanntschaft mit stillschweigendem Gebaren wieder auf Reihe gebracht?

Ein lieber, älterer Jäger sagte bei dem Blick auf meine Patronentasche mit leichtem Lächeln: „Mehr als sieben Patronen stecke ich nie ein. Das reicht auf dieser Hasenjagd." Da hatten wir es. Eine magische Zahl? War er ein guter Schütze? Der gute Mann wurde an diesem Tage „Hasenkönig". Sieben Hasen mit sieben Patronen.

Es bedarf wohl keiner Erklärung, warum ich beim nächsten Mal just auf dieser Jagd sieben Patronen in der Tasche hatte. Sie haben nicht gereicht! Die Hasen wollten mich offensichtlich schon im ersten Treiben umrennen. Ich schaffte es nicht einmal bis zum Abblasen dieses ersten Treibens, mit den sieben Patronen auszukommen. Schande!

Ich hatte vier Hasen geschossen. Schwacher Trost. Ein mir bekannter Jäger half mir mit einer Zehner-Packung für den Rest des Tages aus. Das langte dann auch. War mir das peinlich! Mit hochroten Ohren bat ich um die Munition. „Zwanzig Patronen muss man hier immer in der Tasche haben," war sein grinsender Kommentar.

Aha! Zwanzig! Vielleicht war er ein mäßiger Schütze? Weit gefehlt. Den Vizekönig konnte er sich des Abends an die Brust heften. Mit zehn Patronen acht Kreaturen. Ob er aus mancherlei Gründen die eine oder andere Gelegenheit ausließ, entzieht sich meiner Kenntnis.

In Zukunft waren dann fünfzehn Patronen offiziell in der Tasche und die gleiche Menge schön verteilt am ganzen Mann. Unauffällig natürlich. Somit hatte ich vorläufig keine Not.

Die bekam ich schlagartig bei der ersten Niederwildjagd meines neuen Arbeitgebers. In einem weitläufigen Brunnenfeld war ein starker Besatz an Hase, Kanin, Fasan und auch Fuchs vorhanden. Die Strecke war gewaltig. Meine dreißig Patronen reichten bei diesem ersten Einsatz gerade so aus. Ich habe nicht schlecht geschossen. Kanin und Hähne stellten den Großteil meiner Strecke dar.

Die nächsten Einsätze bei dieser Jagd bedingten ein geschicktes Patronenverteilen am gesamten zur Verfügung stehenden Stauraum. Einmal, um nicht einseitig belastet durch die Landschaft zu streifen und dabei die Schießleistung abzuwürgen, zum anderen, um umfassend flexibel zu bleiben und dem gewaltigen Anlauf Herr zu werden. Wunderschöne Jagdtage waren das! Flinten-Jagden aus dem Vollen. Meine Disposition bezüglich der Anzahl der notwendigen Schrotpatronen passte sich den Gegebenheiten an und siehe da, ab und zu konnte ich einmal aushelfen.

Selbstverständlich leiht man gern Patronen aus, wenn der eigene Bestand das gestattet. Das so etwas auch einmal in die Hose gehen kann, werden wir gleich sehen. Welche Qualen man dann durchleiden muss, wenn der einbehaltene Rest dann verschossen ist und weit und breit niemand da ist, den man anpumpen kann, das muss man selbst einmal erfahren.

Einen derart Gequälten habe ich am Ende einer morgendlichen Taubenjagd leibhaftig vor mir gehabt. Es hatte ordentlich bei ihm geknallt. Der Bengel kann gut mit der Flinte umgehen. Ich wollte ihn abholen, um gemeinsam mit ihm die Folge anzutreten. Von weitem schon konnte ich das Bündel der erlegten Ringeltauben sehen. Nur von dem Schützen konnte ich vorläufig rein gar nichts entdecken. Doch, da saß er auf einem Stucken. Zigarettenrauchenderweise, das Kinn auf der linken Hand abgestützt und absolut abwesend einen hinter mir liegenden Punkt anstarrend. Automatisch drehte ich mich um. Da war nichts Aufregendes in der anvisierten Richtung zu entdecken. Nichts! „Was ist los?" begehrte ich zu wissen. „Waidmannsheil, viele Tauben!" „Waidmannsdank", kam es mit Grabesstimme, immer noch außerirdisch dreinschauend. „Viele

Tauben?" „Das Doppelte hätte ich haben können. Die letzte Stunde habe ich Zielübungen gemacht." Ruhe. „Ja, hast du denn keine Patronen mehr gehabt?" hakte ich nach. Gequält und leise kam die Antwort. Regelrechte Schmerzen mussten ihn plagen. Ich bekam Angst um ihn. „Keine Patrone mehr gehabt? Ich Ochse habe heute morgen Patronen verpumpt." Er stierte mich an. Ich konnte nicht anders. Erst mimte ich den Mitfühlenden, aber dann platzte es aus mir heraus. Tränen habe ich gelacht. Langsam ging es auch ihm besser, und ich konnte ihn von seinem außergewöhnlichen Waidmannsheil überzeugen.

Wie wir sehen, kann so etwas kurzfristig der Gesundheit abträglich sein. Ich glaube, bis auf den heutigen Tag ist er mit spontanen Munitionshilfen sehr, sehr sparsam.

Meine Bevorratung bei den Kugelpatronen auf vielen Drückjagden hat mich noch nie in Stich gelassen. Die Kugelpatronen kann man auch eleganter am Mann deponieren. Allerdings habe ich schon erlebt, daß manch argloser Waidgeselle auf unseren Drückjagden mit seinen fünf Kugelpatronen ganz schnell am Ende seines Lateins war. So etwas gibt es. Für den Spott hat man dann bekanntlich nicht unbedingt selbst zu sorgen. Wenn mit den fünf Patronen fünf Stück Schalenwild zur Strecke kommen, ist das natürlich fantastisch. Vermutlich aber eine eher seltene Variante in unserem Jägerleben.

Aber, wie bereits erwähnt, kann man ja ganz geschickt, dabei auch noch den mit allen Wässerchen gewaschenen alten Hasen mimend, die eine oder andere Gelegenheit auslassen. Gewusst wie!

Ich bin sicher, trotz jahrelangen Erlebens, dass wir uns vor jeder jagdlichen Tätigkeit bezüglich der notwendigen Patronen Gedanken machen müssen. Und sage mir keiner, dass er auf einem stinknormalen Ansitz auf Rehwild noch nie mehr als drei Patronen benötigt hat. Oder waren es fünf?

*

„Ihr glaubt, der Jäger sei ein Sünder, weil selten er zur Kirche geht – im stillen Wald ein Blick zum Himmel ist besser als ein falsch Gebet!"

Dieser Spruch, den ich als junger Mensch in einem Harzer Gasthaus las, mag als Einleitung zu meinen Gedanken über Glauben und Aberglauben eines Jägers dienen.

Das Hauptobjekt meines ganz persönlichen Aberglaubens ist meine Uralt-Lederhose. Den letzten Bock habe ich natürlich nur bekommen, weil ich die olle Hose angehabt habe. Es war zwar unheimlich warm in dem gefütterten Ding, aber mit den Hosen neueren Datums hatte ich mir lediglich jede Menge Zeit um die Ohren geschlagen.

Das betagte Kleidungsstück hat während unserer gemeinsamen Jahre jagdlich viel mitgemacht und ist mit unvergesslichen Erlebnissen behaftet. Schweißnasse Hände fuhren nach dem Aufbrechen zur Grobreinigung die Oberschenkel rauf und runter. Das hat im laufe der Jahre eine Patina ergeben, die ihresgleichen sucht.

Für meine Spanielhündin sind die Lederröhren der Stoff, aus dem die Träume sind. Wenn ich das alte Ding einmal kurz auskochen würde, würde sie eine ordentliche Hundekraftbrühe liefern. Aber damit wäre der Zauber der Hose für alle Zeiten dahin.

Dass ich nach dem zig'sten erfolglosen Ansitz schon verzweifelt ganz verstohlen meinen ebenfalls uralten Nicker einsteckte, wollen wir mal für uns behalten. Als Knabe hatte ich mir diese deutsche Wertarbeit für eine seinerzeit horrende Summe von einem älteren Freund besorgen lassen, da der Händler mir das Messer nicht aushändigen wollte.

Dabei war ich bestimmt schon zehn! Das Geld hatte ich mir beim Erbsenpflücken sauer verdient. Ein stinknormaler Nicker, aber aus gutem Stahl. Natürlich mit Hirschhorngriff. Die Scheide besteht mittlerweile nur noch aus Fragmenten.

Zweimal habe ich das Messer im Wald verloren und wiedergefunden. Das letzte Mal ist es ein halbes Jahr weggewesen, was mir regelrechte Seelenpein bereitet hat. Aus diesem Grunde darf der Nicker heute nur noch in absoluten jagdlichen Notfällen, wenn alles andere versagt, gemeinsam mit der Hundekraftbrühe-Hose mit mir zur Jagd gehen.

Da ich eigentlich nicht richtig abergläubisch bin, verschwinden dann irgendwann beide Veteranen klammheimlich wieder an ihren Ruheplätzen. Als jedoch eines Tages ein Rehbock genau einen Tag nach der vorübergehenden Versenkung der Fossilien zur Strecke kam, wurde ich doch nachdenklich.

Der Förster hat mir kürzlich einen alten Bock freigegeben. Ein paar mal habe ich schon nach ihm geschaut, aber bislang hat es noch nicht geklappt. Aber da kann man ja nachhelfen. Oder?

*

Jagd auf die „biggest" – daheim und anderswo

Naja, natürlich nicht auf die „Big Five". Für die hatte ich bislang noch keine „Zeit". Aber auch Wild, das sich nicht mit dem Zauber der fünf faszinierenden afrikanischen Wildarten umgibt, kann für den einen oder anderen für uns das „Größte" sein. Mir geht es da, Gott sei Dank, nicht anders. Das Erleben um das zu bejagende Wild ist es, dass auch aus einem Karnickelbock das „Größte" machen kann. Manchmal zählt das Lange, manchmal aber auch nur bis zum nächsten „big".

Es war in den ersten Wochen der Jagdzeit auf Rehböcke. Ich saß in einem Altholzbestand und spekulierte auf den in dieser Zeit hoch interessanten Anblick eines mir bekannten Bockes. Er kam jedoch nicht. Nicht an diesem Abend. Im Altholz war es schon verdächtig dunkel, als ich lautes Knacken und das Schrecken eines Stück Rehwildes in der ungefähr einhundert Meter hinter mir verlaufenden Trasse einer Hochspannungsleitung hörte.

Schnell war ich abgebaut. Leise pirschte ich zu einer in unmittelbarer Nähe des Weges stehenden Leiter, die, verdeckt durch einen Fichtengürtel, von diesem jedoch nicht zu sehen ist. Langsam und leise ging ich zur Leiter, um die Fläche mit den potentiellen Weihnachtsbäumen abzuleuchten. Ich war just in absoluter Zeitlupe auf der dritten Sprosse angelangt, als es vor mir vernehmlich schmatzte. Ich erstarrte in der Bewegung. Da stand ein Keiler vor der Leiter im Gebräch. Keine zwanzig Schritt entfernt und er tat so, als ob ihm niemand und nichts auf dieser Welt etwas anhaben könnte. Konnte ja auch nicht.

Bekannterweise ist der Beginn der Jagdzeit für diese Stücke auf den 1. August datiert. Ohne Glas konnte ich unschwer feststellen, dass das, was da vor mir stand, ein ordentlicher Keiler war. Die Waffen leuchteten, dass es eine wahre Freude war, dem Bassen im Gebräch zuzuschauen. Ich befand mich immer noch auf der dritten Sprosse und traute mich zu diesem Zeitpunkt nicht einen Zentimeter weiter. Es wäre schade, wenn er etwas mitbekommen würde und unsere erste Begegnung deswegen ein schnelles Ende hätte.

Nach weiteren zehn Minuten, nachdem der Keiler dem frischen Gras ordentlich zugesprochen hatte, zog er pürzelwedelnd von mir fort. Schnell saß ich auf dem Sitzbrett. Jetzt hatte ich ihn im Glas. Donnerwetter, im Glas wirkte der Keiler noch imposanter. Er zog nun langsam spitz von mir fort und war in der Dämmerung bald meinen Blicken entschwunden. Es krachte im angrenzenden Hang, und prompt schimpfte das Rehwild lautstark ob dieser Störung. Jetzt atmete ich erst einmal richtig durch. Ein wunderschöner Abend. Und was für ein Anblick. Vielleicht sehen wir uns zur Jagdzeit wieder?

Mein jagdliches Umfeld sog begierig meine Informationen bezüglich des Keilers ein. Unter einhundert Kilo hat er nicht, war allmählich meine Standardantwort, wenn die Frage nach dem Gewicht kam. Wer konnte zu diesem Zeitpunkt ahnen, dass ich mit dieser Schätzung richtig lag.

Die ersten Rehböcke im Bereich der Försterei lagen auf der Strecke, und irgendwann verschlug es mich wieder in die Hochspannungstrasse. Eigentlich ohne dabei einen Gedanken an den Keiler zu verschwenden. Doch, er war wiederum da. Ich hatte sein Kommen vermutet, nachdem anhaltendes Schrecken des Rehwildes eigentlich nur auf baldigen Sauenanblick schließen ließ. Silbrig bewegte sich etwas durch den Grabenbereich, und mit einem Mal stand der Keiler auf der Fläche. Er wirkte nun in seiner Statur etwas schlanker, Sommerzeit!

Auch dieses Mal war er wiederum so unbekümmert bei der Fraßsuche, dass mir die Chance dermaßen intensiver Beobachtungsmöglichkeit dieses Stückes auch bei den nächsten Begegnungen viel Freude bereitete. Schrecken des Rehwildes bedachte er lediglich mit einem kurzen Aufwerfen des Hauptes in Richtung der „Krachmacher", um dann unverzüglich wieder Fraß aufzunehmen. Übrigens reagierte er auch bei den auf den naheliegenden Forstweg aktiven Waldbesuchern in ähnlicher Weise. Und das mit einer „Bierruhe" und mit dem Pürzel wedelnd, dass er mich manches Mal an die weit entfernt vorkommenden Warzenschweine im südlichen Afrika erinnerte.

Es waren äußerst interessante Abende, wenn ich diesen Keiler in Anblick hatte und sicherlich die kurzweiligsten dieses Sommers. Die Jagdzeit nahte. Ich entdeckte mich dabei, dass ich keinerlei

Ambitionen hatte, den Keiler „auf die Schwarte zu legen". Der Blick auf das Gewaff ließ ab und zu noch einmal Zweifel aufkommen. Irgendwann, die Jagdzeit währte schon vier Wochen, hatte ich entschieden. Zu Gunsten des Keilers. Die anstehenden Drückjagden, das war mir klar, würden schwer für ihn werden. Trotz allem sollte der „Hundert-Kilo-Keiler" nicht durch meine Kugel fallen.

Mitte Oktober sah ich ihn zum letzten Mal. Ich hörte ihn im Hang rumoren. Eine Ricke mit ihren Kitzen spritzte regelrecht aus der Dickung. Die besorgte Mutter schimpfte ordentlich und schlug zur Unterstützung ihres Unmutes heftig mit den Vorderläufen auf, bevor sie es vorzog, Distanz zu dem Störenfried zu schaffen. Dann kam er. Anscheinend wiederum belustigt, dass er die Rehe erschreckt hatte. Wie gewohnt ging er unverzüglich ins Gebräch. Wiederum hatte ich ihn hautnah im Glas und freute mich über diesen Anblick.

Es nahte der November und somit die ersten Drückjagdtermine. Der gestiegene Schwarzwildbestand verpflichtete uns zu mehreren Jagden in diesem Herbst. Wie es sich für einen anständigen Keiler gehört, trickste er erst einmal Treiber, Hunde und Hundeführer bei einer dieser Jagden aus. Ein angehender Jungjäger sah ihn dann mehr durch Zufall, als er sich leise hinter der Linie wieder einschob. Das teilte er dem Hundeführer mit, dem er zugeteilt war.

Unsere Hundeführer sind überaus passionierte Jäger. Und das ist gut so. Ich hege große Achtung vor ihrer Arbeit. Der Keiler wollte dem Hundeführer nicht aus dem Weg gehen, und der routinierte Schütze konnte das Stück mit einer sauberen Kugel erlegen. Als ich zum Sammelplatz kam, wurde mir schon von weitem zugerufen: „Dein Keiler liegt, es ist ein richtig Guter"!

Er lag auf dem Wildwagen, ein imposantes Stück Schwarzwild. Im ersten Moment kam Wehmut in mir auf. Doch dann obsiegte der Jäger. Ich ging zum Schützen – er strahlte über das ganze Gesicht –. Ich habe ihm ein herzliches Waidmannsheil gewünscht und mich mit ihm gefreut. Gefreut über diesen Keiler, der aufgebrochen akkurat einhundert Kilo wog. Die Experten schätzten ihn fünfjährig. Nach dem Erlebten und rein vom Gefühl her hätte ich ihn älter geschätzt.

*

Afrika – in diesem Falle Namibia. Von dem einige allerdings meinen, dass es nicht das richtige Afrika sei. Ist es aber! Es ist unser Afrika. Seit Mitte der 90iger Jahre fahren meine Frau und ich zu unseren Freunden, der Familie Laborn auf deren Farm, die im Norden Namibias liegt.

Zwischen Otjiwarongo im Westen und dem Waterberg-Plateau im Osten genauer gesagt. Für namibische Verhältnisse hat die 5000 ha große, ehemalige Rinderfarm Mindestgröße.

Für uns ist sie jedes Mal wieder ein immer sprudelnder, scheinbar nie versiegender Quell an jagdlichem Erleben. Aber auch die Pirsch mit Video und Fotokamera, um das faszinierende große und kleine Getier einzufangen, hält uns häufig tagelang in ständiger Spannung. Und es gibt auch sonst unendlich viel zu entdecken, wenn man gewillt ist, Augen und Ohren auch für die scheinbar uninteressanten Dinge, die auf und neben der Pad sind, auf Empfang zu schalten.

Es ist mir schon zur festen Angewohnheit geworden, mich am ersten Morgen nach unserer Ankunft kurz vor Sonnenaufgang mit dem Glas bewaffnet, vor die Unterkunft zu begeben, um in der klaren, kühlen Morgenluft fröstelnd auf das Erscheinen der Sonne zu warten. Die Farmgebäude liegen auf einer Anhöhe, und man hat den Dornenbusch mit seinen wie schmale Landebahnen wirkenden Pads unter sich und somit einen fantastischen Rundumblick wie von der „Burg Zinnen".

Da schreckt ein Kudu im Halbdunkel, vermutlich ist ein Leopard auf dem Nachhauseweg. Da beendet ein Schakal seinen nächtlichen Beutezug mit schaurigem Gesang, und hinter der Unterkunft begrüßen die Frankoline lärmend den kommenden Tag. Wenn dann der rote Feuerball langsam über das Waterberg-Plateau klettert und allmählich das Land mit seinem Licht überflutet, eine geradezu märchenhafte Kulisse zaubert – still und geheimnisvoll. Dann, ja dann könnte ich schier platzen vor Vorfreude auf die kommenden Tage auf der Farm. Aber ich bin auch gewaltig neugierig auf unsere Touren ins Landesinnere.

Was haben wir da schon Faszinierendes zu sehen bekommen. Von Nord nach Süd, von Ost nach West. Was bietet dieses Land an abwechslungsreicher, natürlicher Schönheit. An berauschenden Landschaftsbildern von der Wüste bis zum Gebirge, von der Ka-

Dornenbusch, so weit das Auge reicht.

lahari bis in den Dornenbusch. Wie gegensätzlich ist es zwischen Windhoek, Swakopmund und Himba- oder Buschmannland. Alle Sinne werden niemals müde, all dies einzufangen, zu inhalieren und zu speichern für die Träume daheim.

Nun denn, die Sonne hat sich vom Kamm des Waterberg-Plateaus getrennt. Eine Vielfalt an Stimmen hat sich mittlerweile dem Morgenkonzert dazugesellt. Herrlich anzuhören. Zeit für den ersten Kaffee, Zeit, sich auf die erste Pirsch zu freuen.

Nun aber wieder zu einem jagdlichen Unternehmen in diesem wunderschönen Land. Und zwar sollte es auf Afrikas größte Antilope, der Elen- oder Eland-Antilope gehen. Einen Eland-Bullen zu bejagen, ist natürlich schon etwas anderes als die Jagd auf den anfangs erwähnten Karnickelbock. So ein ausgewachsener Bulle kann ein Gewicht von 700 bis 800 kg erreichen, und die zentralafrikanischen Eland bringen noch ein paar Pfund mehr auf die Waage. Also schon ganz schön „big", diese Antilopen.

Wir hatten diese riesigen Antilopen in der Etosha-Pfanne gesehen. Allein der Anblick dieses starken Wildes war faszinierend. „Die Erlegung eines Eland-Bullen ist sicher möglich", meinte der Farmer auf meine Anfrage diesbezüglich. „Wir müssen allerdings bei einem befreundeten Jagdfarmer jagen. Auf Okandivi sind zur Zeit nur ganz sporadisch Eland". Da die Jagd auf den Elandbullen zeitintensiv werden konnte, sollte diese Aktion gleich am Anfang unserer Aktivitäten stehen. „Wir kalkulieren einmal vier bis fünf Tage für diese Jagd ein. Wenn es schneller geht, umso besser. Vielleicht klappt es auch gar nicht. Eland sind heute hier und morgen da. „Das ist so", sagte der Farmer.

Die Begrüßung bei Erwin Laborns Bekannten war, wie nicht anders zu erwarten, ausgesprochen herzlich. Beim folgenden Mittagessen wurden die Chancen der verschiedenen Ansitz- und Pirschmöglichkeiten abgewägt. Natürlich spielt der Wind dabei eine große Rolle.

Nach einer ausgiebigen Erkundungsfahrt entschlossen wir uns für einen ca. 5 Meter hohen Sitz in einem Baum. Wir hatten sicher schon zwei Stunden äußerst still im Baum zugebracht, und allmählich schmerzten alle Knochen. Des öfteren mussten wir besorgt feststellen, dass der Wind häufig küselte und immer wieder in die Richtung zog, aus der wir das Wild erwarteten. So war denn auch mehrmals abgehendes Wild zu hören.

Mit einem Mal, eine knappe Stunde vor Einbruch der Dunkelheit, sagte Erwin: „Wir müssen runter, das geht nicht gut. Wir stellen uns da hinten an den Dornenbusch".

Schnell baumten wir ab und pirschten vorsichtig die 120 Meter zum Busch. Es wurde dämmerig. „Allzu viel kann heute wohl nicht mehr passieren", flüsterte ich meinem Begleiter zu, „nun wird es ruckzuck duster." Am Busch angekommen, setzte sich meine Frau auf einen Klappstuhl in Deckung. Erwin deponierte unsere Getränketasche am Fuß des Busches, und ich stellte die Büchse an den nächsten Ast. Dann streckte ich erst einmal Arme und Beine aus. Dabei fiel mein Blick auf den avisierten Wechsel, und fast hätte ich das Atmen vergessen. Da kamen Eland! „Erwin, Eland"! flüsterte ich.

Der Farmer stand halb gedeckt hinter mir und konnte sie aus diesem Winkel nicht sehen. Er schob sich vorsichtig seitlich vorbei. „Ja, aber wohl alles Weiber", war sein Kommentar. Auch Eland-Kühe tragen die gedrehten Schläuche. Meistens sind sie sogar länger als beim Bullen, allerdings auch dünner.

Der Farmer beobachtete die ankommenden Stücke intensiv. „Nur ein junger Bulle dabei, nichts Aufregendes", fuhr er fort. Ich konnte im Glas die gewaltigen Tiere beobachten. Sieben, acht Stück waren es, und es kamen noch mehr aus dem Busch gezogen. Sie waren sicher über 120 Meter von uns entfernt. Die stärkste Kuh bot einen imposanten Anblick.

„Da kommt ein älterer Bulle", flüsterte Erwin, „da, von links, siehst du ihn?" Ja, ich konnte ihn sehen. Meine Herren, war das ein Kracher. „Vielleicht noch ein bisschen zu jung", dämpfte er mein aufkommendes Jagdfieber. „Aber schlecht ist er nicht." Fand ich auch. Ruhe bewahren! Was für ein Anblick. „Der ist abnorm", kam es plötzlich vom Farmer", der linke Schlauch knickt ab und fällt nach hinten". Tatsächlich! Na, das ist doch was. „Was meinst du, willst du ihn schießen?" kam es nach einer ganzen Weile erneuten Ansprechens durch den Farmer. „Es ist zwar kein Uralter, aber eine einmalige Gelegenheit, eine interessante Trophäe zu erbeuten. Wer weiß, ob uns so etwas noch einmal über den Weg läuft." Das war es! Ich nickte. „Dann man los", flüsterte der Farmer. „Sieh zu, dass er breit steht und dann voll aufs Blatt!" Langsam ging ich in Anschlag und musste mich sogar noch ein wenig auf die Zehen stellen, um keinen Ast zu erwischen. Als ich den Bullen im Zielfernrohr hatte, stand er spitz zu mir und schickte sich nunmehr an, den jüngeren Bullen auf Trab zu bringen.

Dann war er am laufenden Band durch andere Stücke gedeckt und zog anschließend hinter diesen wieder in Richtung Dickung. Es sollte wohl nicht mehr klappen. Unaufhaltsam wurde es dunkler. Ich weiß nicht, wieviel Zeit vergangen war. Es kann nicht viel gewesen sein, aber mir kam es unendlich vor, bis der Bulle drehte und wieder auf den restlichen Trupp zuzog.

Urplötzlich, mit einem Mal, stand er frei und breit und zeigte mir das rechte Blatt. Im Nu war die Kugel draußen. Der Bulle steilte vor, brach nach einer Flucht von zwanzig Metern in der Fährte zusammen und war bald verendet. „Du hast ihn erlegt", sagte Erwin, „Hundert Prozent!" Lachend schlug er mir auf die Schulter.

Meine Frau gratulierte. Ich fühlte mich wie aus einem Traum gerissen. Sicher habe ich auch so in die Welt geschaut. Mein Eland-Bulle lag. Gleich beim ersten Versuch. Nicht zu fassen.

Wir gingen zum Stück. Was für ein Riesentier! Hoch interessant die abnorme Trophäe. Was haben wir für ein Dusel gehabt! Wir palaverten drauflos und waren glücklich, dass wir den Bullen mit einer sauberen Kugel zur Strecke gebracht hatten.

Ohne unseren Standortwechsel wären die Stücke genau in unseren Wind gezogen. Erwin hatte den richtigen Riecher gehabt. „Gut, dass wir ihn haben. Wer weiß, ob die nächsten Tage noch etwas Besseres gekommen wäre", waren seine Worte. Mir war es recht. Man hat nicht häufig so einen schnellen Erfolg bei der Jagd.

Doch nun war es mit einem Schlag Nacht geworden. Das Verladen des Bullen gestaltete sich in der Dunkelheit etwas problematisch. Der Pick-up mit der Doppelkabine hatte nur eine kleine Ladefläche und der Bulle musste mit allen Tricks fixiert werden. Aber bald war auch das erledigt. Immerhin wog der Bulle aufgebrochen und ohne Haupt an die 600 kg. Das schnürt man nicht so einfach zusammen.

Es ist faszinierend, wie gut nach so einer Aktion eine eisgekühlte Dose Bier schmeckt. Die Farmersleute konnten gar nicht glauben, dass wir schon erfolgreich waren. So sehr sie sich mit uns über die Erlegung freuten, so sehr waren sie traurig, dass wir am nächsten Tag schon wieder abreisen wollten. Wir haben diesen „Eland-

Für die hatte ich bislang noch keine „Zeit".

Abend" bei kühlen Getränken und gegrillten Köstlichkeiten in der wunderschönen afrikanischen Nacht dem Anlass entsprechend ausgedehnt und jede Sekunde genossen.

*

Nicht ganz so gewichtig wie die Eland-Antilopen sind Oryx und Kudu. Aber ihre Bejagung im Dornenbusch ist absolut spannend und bietet rundum volles Erleben. Das bot mir auch die Jagd auf einen alten Zebra-Hengst. Obwohl ich anfangs, das gebe ich zu, meine Bedenken bezüglich der Erlegung eines Zebras hatte. Aber es ist Jagdwild.

Wir standen an diesem kühlen Morgen im Mai, wenige Tage nach unserer Ankunft, in aller Herrgottsfrühe im Dornenbusch und versuchten, an eine Gruppe von drei Oryx-Bullen heranzupirschen. Bei den Bullen, die sich fortwährend bedrängten, befand sich ein jüngerer Oryx mit einem auf halber Höhe abgebrochenen Spieß. Der war es aber nicht, auf den wir unser Glück versuchen wollten.

Der Farmer raunte mir zu, den alten, uns zur Zeit den Spiegel zeigenden Bullen zu strecken, sobald dieser sich in einer günstigen Position befand. Es kribbelte gewaltig in Nacken und Magen. Die nunmehr nur noch achtzig Schritt entfernte Gruppe befehdete sich unaufhörlich. Es war ein ständiges Schnaufen, Vor- und Zurückpreschen, ein Drücken und Ausweichen vor den Spießen der Kontrahenten. An einen sicheren Schuss war vorerst nicht zu denken.

Wir standen gut gedeckt hinter einem Dornenbusch und beobachteten höchst angespannt das unmittelbar vor uns ablaufende Schauspiel. Urplötzlich ließ der alte Bulle seine beiden Gegenspieler stehen und stürmte halbspitz auf unseren Standplatz zu. Keine zwanzig Schritt entfernt stoppte er abrupt und äugte in unsere Richtung. In diesem Moment konnte ich dem Bullen die Kugel durch eine Lücke im Dornenbusch schießend Hochblatt antragen.

Ein kurzes Mucken des Stückes war die einzige Reaktion, und in voller Flucht stürmte der alte Oryx in den Dornenbusch und war unseren Blicken entschwunden. Ich hatte Schweiß auf der Einschussseite gesehen und war meiner Sache sicher. Bei der bekannten Zähigkeit des afrikanischen Wildes war die schwache Reaktion des beschossenen Bullen nichts Außergewöhnliches. Sekunden danach hörten wir es Krachen im Dornenbusch. Donnerwetter, das war ein gewaltiges Erleben.

Zeit, die Nerven zu beruhigen. „Wir warten noch einen Moment, dann holen wir ihn". Dieser Optimismus ist typisch für unseren Gastgeber. Aber er hatte selbstverständlich recht. Keine hundert Meter vom Anschuss lag der verendete Bulle im hohen Gras. Wir konnten den typischen Wildgeruch schon wahrnehmen, bevor wir das Stück im hohen Gras liegen sahen. Ich freute mich sehr über den guten Schuss und den prächtigen Oryx. So macht das Jagen Spaß.

Einige Tage später stand auf der Pad, schon aus weiter Entfernung vom Farmer entdeckt, ein ordentlicher Kudu-Bulle mit einem weiblichen Stück. Die Kudu-Brunft war im Gange. Im spärlichen Sichtschutz eines Camp-Zaunes konnten wir uns vorsichtig und langsam an die Stücke heranpirschen. Als ich auf Anraten des Farmers gebückt wiederum einen Blick durch den Draht riskierte, war die Bühne leer. Pech gehabt. Eben wollte ich den Kopf zurückziehen und mich aufrichten, als der Bulle wieder auf die Pad zog und sofort zu uns äugte. Ein gewaltiger Anblick auf rund einhundert Meter.

Schnell hatte ich die Büchse am Kopf und halbspitz von vorn bekam der Bulle die Kugel auf das Blatt. Mit einer Riesenflucht quittierte er den Schuss. „Die hat er gut", war Erwins Kommentar, „der geht nicht weit." Nach einer Pause, ausgefüllt mit der immer wieder neuen Prozedur des Lamentierens über das gerade Erlebte, gingen wir zum Anschuss. Kein Schweiß! Aber deutliche Ausrisse. Ab ging es auf der vorläufig unsichtbaren Fährte durch das hohe Gras bis zum ersten, einzigen Schweißtropfen.

Der Farmer buchstabierte die vermutliche Fluchtstrecke und ging mit tiefem Kopf, den Schalenabdrücken folgend, weiter. „Der kann sich doch nicht in Luft aufgelöst haben?!" kam es von ihm. Hatte er auch nicht. Auch hier waren unsere Nasen wieder schneller als die Augen. Intensiver Wildgeruch führte uns zum Stück. Der Bulle lag keine zehn Schritt halblinks von uns verendet im hohen Gras.

Es war auch auf den letzten Metern kaum Schweiß zu entdekken. So ein Kudu hat einen gewaltigen Körper, und der Schweiß, wenn er denn sparsam austritt, hat einen langen Weg bis zum Gras oder Boden. Einen Ausschuss hatte der Kudu, genau wie auch der Oryx, nicht. Ein prächtiger Bulle lag vor uns, und die Freude darüber war groß.

Zum Abschluss unserer jagdlichen Aktivitäten, bevor es auf der Pad in den Süden Namibias ging, war die Jagd auf einen alten

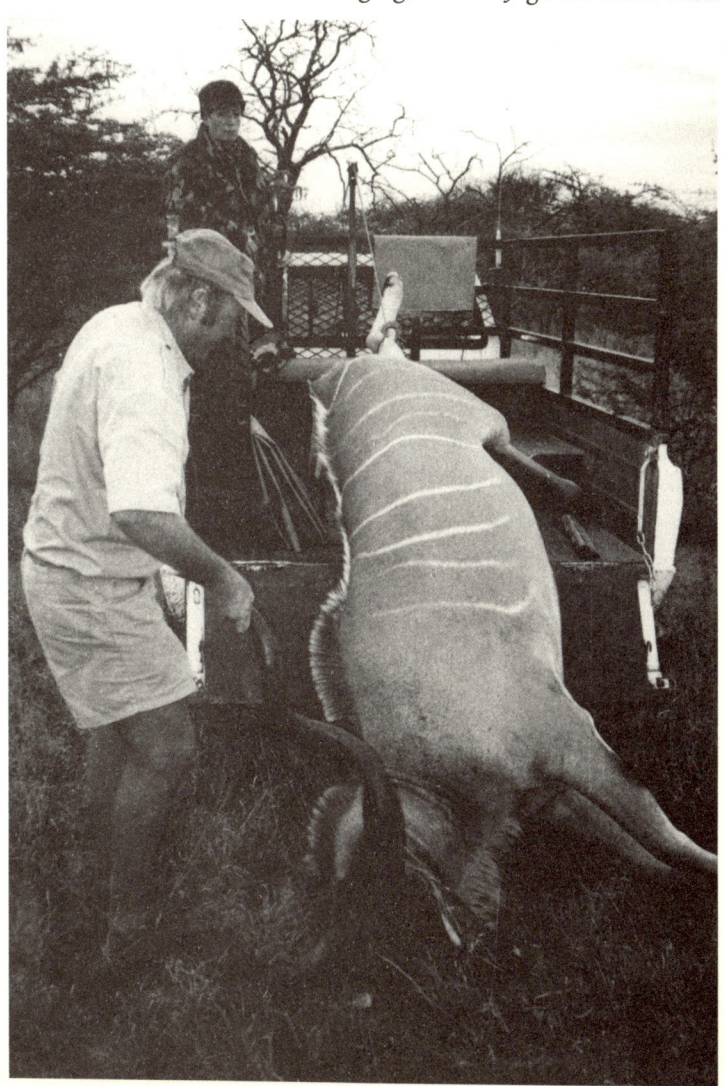

Zebra-Hengst geplant. Ein Bekannter unseres Gastgebers schätzte den Bestand an Flächenzebras auf seiner riesigen Farm auf ungefähr sechzig Exemplare. Der eine oder andere alte Hengst sollte erlegt werden.

So ganz bei mir hatte ich die Jagd auf ein Zebra als nicht allzu schwierig eingeschätzt. Wer jedoch denkt, dass er es bei den bejagten Zebras mit dem vertrauten Gebaren ihrer Artgenossen in der Etosha-Pfanne zu tun hat, der muss sich bald eines besseren belehren lassen. Auf annähernd 24000 ha Farmgröße sind sechzig Zebras nicht unbedingt an jeder Ecke anzutreffen. Das Bergzebra soll noch schwieriger zu bejagen sein, aber dazu fehlt mir bislang die persönliche Erfahrung.

Mit einem uralten VW-Bus, von dem ich der Meinung war, dass dieser Einsatz sein absolut letzter war, ging es zur Suche über die Farm. In der ersten Stunde sahen wir einen Trupp Zebras, aber ein richtiges Stück war nicht dabei.

Schon hier schwante mir, dass die Erlegung eines Zebras in dem teilweise doch recht dichten Busch sicherlich nicht ganz einfach sein könnte. Es ist nicht zu glauben, trotz der auffälligen Zeichnung der Zebras sah ich die Stücke oft erst nach ausgiebiger Einweisung. In der dritten Stunde unserer Suche hatte Erwin einen Trupp Zebras und unweit davon einen alten Hengst entdeckt; „komm", sagte er zur mir, „raus aus dem Bus und ran an den Hengst." Und zum Fahrer: „Ihr fahrt weiter!"

Der Bus rollte langsam weiter. Der größte Teil der Zebras zog es jedoch vor, in den sie deckenden Busch zu ziehen. Halb gebückt und ziemlich flott folgte ich meinem Jagdführer durch den Busch. Er hatte den davonziehenden Hengst immer wieder in Anblick. Ich sah nur Busch. Mir wurde auf unserer Hatz warm in meiner Jacke. An einem Termitenhügel sank mein Vordermann plötzlich in die Hocke. Sofort tat ich es ihm gleich.

Leise sagte er zu mir: „Von hier aus kannst du schlecht schießen, wir müssen ein Stück weiter nach rechts. Aber ganz langsam bewegen und nicht höher aufrichten, der Hengst hat etwas mitbekommen." Denn man tau! Unendlich langsam bewegten wir uns nach rechts. „Da vorn, gute 120 Meter, steht der Hengst spitz zu uns und äugt herüber. Du musst sofort schießen", flüsterte Erwin.

Aber ich konnte da vorn ums Verrecken kein Zebra entdecken. Mir wurde heiß. „Leg auf meine Schulter auf und schieß", kam die nächste Aufforderung. Mir wurde heißer. Ja, wo war das Stück? Ich war irritiert. Da, jetzt endlich fiel es mir wie Schuppen von den Augen. Zentnerweise. Der Hengst hatte ein wenig das Haupt bewegt. Das reichte mir, um ihn zu lokalisieren. Halb verdeckt stand er spitz zu uns.

Büchse an den Kopf, absehen auf den Stich und raus war die Kugel. Das waren Sekündchen. Kurzes Zeichnen des Stückes und ab ging die wilde Jagd. „Pass auf", sagte mein Jagdführer in Richtung des mit wildem Hufschlag abgehenden Stückes lauschend, „jetzt liegt er!" Kein Hufschlag war mehr zu hören. Erwin lächelte über das ganze Gesicht: „Hat gut geklappt, du hast ihn."

Nun mussten wir wieder richtigen Atem fassen. Ein wenig weich war mir nun doch in den Knien nach der zwar kurzen, aber intensiven Pirsch. Am Anschuss lag eine ordentliche Menge Schweiß und nach rund 100 Metern lag der alte Hengst verendet im Busch. Der Farmer ging das Fahrzeug holen, und ich konnte erst einmal ausgiebig bei dem für uns nicht alltäglichen Wild verweilen. Der Hengst hatte eine wunderschöne, kaum beschädigte Decke. Das war spannende Jagd. Auf eine Wildart, der ich bislang aus vielerlei Gründen wenig Bedeutung geschenkt hatte.

*

Nun fängt er komplett an zu spinnen, werden einige Leser wohl sagen. Aber zu dem Zeitpunkt, als ich dem vermeintlichen Waschbären an den Balg wollte, wäre seine Erlegung für mich das „Größte" gewesen.

Seit drei Stunden sitze ich auf dem Hochsitz und warte auf Reineke. Auf Schrotschussentfernung vor mir liegt der Luderplatz im Mondlicht. Es herrscht ausgezeichnete Sicht. Still ist es ringsum, kaum merklicher Wind weht mir ins Gesicht. Eine herrliche, stimmungsvolle Spätsommernacht.

Lautes, schrilles Kreischen schreckt mich urplötzlich auf. Donnerschlag, hat mich das zusammengerissen. So habe ich mich lange nicht erschrocken. Was kann das bloß sein? Intensiv suche ich durch das Fernglas die Umgebung ab, aus der das Gekreische kommt. Nichts zu sehen. War es ein Fuchs? Nein, Reinekes Laute hören sich nicht so jämmerlich und klagend an. Marder kamen eigentlich auch nicht in Frage. Sauen? Unmöglich! Vielleicht Dachse? Grimmbart hat zwar jetzt Ranzzeit, aber seine Laute müssten tiefer klingen. Ich bin ratlos, es sind wohl irgend welche unbekannten Waldgespenster. Genauso plötzlich, wie es angefangen hat, hört das Gekreische auch wieder auf. Ruhe!

Schlagartig dämmert's in meinem Hinterstübchen. Katzen müssen es sein! Dann wieder Zweifel – Katzen kilometerweit entfernt vom nächsten Haus? Warum nicht, die Höfe der weiteren Umgebung liefern mehr Nachwuchs an Stubentigern, als zum Mausefang notwendig sind, und der „Überschuss" geht nachts im Revier auf Beutezug. Eine gehörige Portion Zweifel bleibt, aber ich habe doch erst einmal überhaupt eine halbwegs mögliche Theorie. Es bleibt ruhig. Ich grübele noch eine Weile, dann ist es Zeit, dem Stalldrang zu folgen. Ich leuchte meine Umgebung noch einmal sorgfältig ab. Nichts. Also ab nach Hause. Vorsichtig packe ich meine Siebensachen zusammen und baume ab. Mein Weg zum Auto führt in die Richtung, aus der die mysteriösen Laute kamen. Leise und langsam pirsche ich in Richtung Weg. Da, was ist das?

Und dann, ja dann, sehe ich den Verursacher der Schreierei. Meine ich jedenfalls. Trotz des guten Lichts kann ich auf gut hundert Gänge im Altholz nur einen knapp fuchsgroßes Schemen ausmachen. Was ist das für ein Tier? Ich laufe hastig ein paar Schritte vor, um bessere Sicht zu bekommen. Das verursacht Geräusche. Das Tier verhält kurz und macht sich dann mit auffallend krummen Buckel ungelenk hoppelnd davon. Eigenartiger Bewegungsablauf. Nein, das war kein Dachs, keine Katze. Vollkommen konstatiert stehe ich auf dem Weg, bin genauso schlau wie vorher und weiß nicht, was ich von dem Geschehen halten soll.

Doch dann! Als wenn mir jemand den berühmten leichten Schlag auf den Hinterkopf verpasst hat, fällt es mir wie Schuppen von den Augen. Klar, ein Waschbär! Warum bin ich nicht eher drauf gekommen? Aber bisher kamen in dieser Gegend weit und breit noch keine Waschbären vor. Gewisse Vermutungen kursieren zwar schon länger in heimischen Jägerkreisen, aber noch nie hat einer von uns einen Waschbären bestätigt oder in Anblick bekommen.

Meine Passion ist voll entfacht. Was ist, wenn ich als erster Jäger in der Gegend...? Nicht auszudenken. Den muss ich haben, durchfährt es mich. Warte, heimlicher Geselle, wir sehen uns wieder. Schon am nächsten Tag wälze ich Fachliteratur und beschicke den Luderplatz mit ausgesprochenen Waschbärenspezialitäten. Genauso, wie es in diversen Fachbüchern empfohlen wird. Die Zauberformel heißt: Dörrobst, Kekse und Schokolade. Und ein paar Pralinen als absolute Krönung der Tafel können auch nicht schaden. All das lege ich aus und decke es, um ungebetene Gäste abzuhalten, mit Gezweig ab.

Erst ein paar Tage später komme ich dazu, meinen „süßen Kirrplatz" zu kontrollieren. Junge, Junge, welch Anblick bietet sich mir. Schon von weitem kann ich sehen, daß mein Luderplatz angenommen ist. Angenommen? Umgepflügt ist er. Unmengen von Waschbären müssen meine Konditorei aufgesucht haben. Sicherlich hätte ich, wenn ich angesessen hätte, mich des Ansturms gar nicht erwehren können. Denkste! Pustekuchen! Nicht ein Waschbär war dagewesen. Kein Zweifel, das Fährten- und Spurenbild belegt: Sauen, Füchse und Marder hatten Wind von meinem Zuckerstand bekommen und sich hier gütlich getan. Auch eine Katze war dabei. Eine Katze? Sollte ich mich geirrt haben und doch muss sie es gewesen sein, die vor kurzem das merkwürdige Geschrei verursacht hatte? Nein, ein Katze flüchtet nicht mit so krummen Buckel, das war ein Waschbär. Basta!

Doch wie sollte ich in Zukunft meinen Füchsen, Sauen und anderen Mitessern beibringen, dass sie die ausgelegten Leckerlies zu ignorieren haben? Erst später erfahre ich, welche Tricks versierte Waschbärenjäger sich bezüglich der Köderbehälter zunutze machen. Sie müssen so verschlossen sein, dass nur ein Waschbär sie „mit den Händen" zu öffnen in der Lage ist.

Doch zunächst beschicke ich den Platz wiederum mit allerlei süßen Sachen.

Wär ja noch schöner, wenn ich den Bären nicht überlisten könnte. Gleich heute will ich auf ihn ansitzen.

Die Dauer meiner folgenden Ansitze ist geradezu rekordverdächtig. Die Wochen vergehen. Zwei Füchse habe ich mittlerweile am

Haken. Langsam wird es Winter. Die Sauen habe ich wegen der Ende des Monats anstehenden Drückjagd zählenderweise pardoniert. Kein Waschbär, kein Geschrei, keine Spuren. Irgendwann habe ich die Nase voll. Ich will aufgeben. Diesen einen, letzten Ansitzabend will ich gezielt dem kleinen Bären noch widmen. Es knackt! Sauen. Eine stärkere und zwei schwächere Bachen mit acht Frischlingen unterschiedlicher Stärke fallen über meine Süßwarenabteilung her. Toll. Ich freue mich über den Wahnsinnspektakel, den die kleinen Schwarzkittel veranstalten. Auch die Bachen betätigen sich entsprechend der Würde ihres Alters und ihrer sozialen Stellung am imaginären Ostereiersuchen.

Am Ende sieht die Kirrung wieder aus wie ein Truppenübungsplatz nach dem großen Manöver. Die leichte Schneedecke weist große, schwarze Löcher auf. Nun, denn! Es wird zwar sicher nichts mehr kommen, aber ich will noch einen Augenblick ausharren. Just grübele ich über Sinn und Unsinn der Beschickung von Luderplätzen, als ich halbrechts eine Bewegung wahrnehme. Fuchs? Nein. Das, was da im Halbschatten daherkommt, bewegt sich auffallend bucklig. Mich durchfährt es siedendheiß: ein Waschbär! Ja, da ist er endlich. Ich habe es trotz allem gehofft.

Langsam nehme ich das Glas hoch. Zwischen den Eichen- und Haselnsträuchern buckelt er daher. Na, bitte. Man muß eben nur

die nötige Geduld haben. Glas runter und die Waffe sachte, sachte aus der Luke in Anschlag gebracht. Da habe ich ihn im Zielfernrohr. Ja, Deibel noch einmal. Das ist doch kein Waschbär! Waffe wieder rein in die Luke. Glas an den Kopf. Ich besehe mir das mittlerweile auf etwa dreißig Meter herangebuckelte Individuum.

Es folgt eine maßlose Enttäuschung. Eine Katze kommt daher. Und was für eine. Sie wirkt riesig auf der Schneedecke, wahrscheinlich ein Kater. Der Verursacher der Spuren am Luderplatz. Da ist er. Aber warum zieht er den Buckel so hoch bei der normalen Fortbewegung? Ich lege mein Glas auf die Sitzbank und lasse den Kater in die .22 Win.Magnum laufen. Mit einem Riesensatz quittiert er die Kugel und verschwindet in rasender Fahrt meinen Blicken. Ich habe repetiert und stelle die Büchse gesichert in die Kanzelecke. Der Kugel bin ich mir sicher. Nach dem Abbaumen folge ich der Fluchtrichtung. Fast am Weg liegt der Kuder an einem Stammholzpolder. Verendet.

Es ist ein Riesenexemplar von einem graugetigerten Kater, sicher fünf bis sechs Kilogramm schwer. Vermutlich war er nicht erst ein paar Tage im Wald und hatte sich nicht nur von Mäusen ernährt. Ob er letztendlich der Verursacher des vor Wochen gehörten Lärms war, werde ich nie erfahren. Genauso ungewiss bleibt die für eine Katze ungewöhnliche Buckelhaltung, mit der sie mir einen Waschbären vorgaukelte. Ich war etwas hoch abgekommen, deshalb konnte ich die Rückenanatomie des Streuners nicht mehr genau rekonstruieren.

*

Wetter für den Jäger

Die Weihnachtstage hatten ein paar Tage der Ruhe und Entspannung gebracht. In diesem Jahr lag schon ordentlich Schnee. Leider pfiff aber auch seit Tagen der Ostwind äußerst scharf um die Häuser. Am Tag nach dem Fest fährtete ich meinen Pirschbezirk ab, um einmal nachzuschauen, was sich so alles im Walde tummelte.

In der Wasserlochkurve waren Sauen über den Weg gezogen. Den Trittsiegeln nach waren es vier der schwarzen Gesellen, die sich in Richtung Höhenwanderweg fährteten. Der Fuchs spürte sich an allen Ecken, und auch Weißkehlchen war nächtens unterwegs. Rehwild und Hasen waren in die Hauungen gezogen, um an den Knospen der Buchen- und Eschenkronen zu äsen. Ein Eichkater hatte anscheinend mit Erfolg an einigen Wurzelanläufen nach seinen Vorratskammern gesucht.

Das langsame Pirschen ließ den kalten Wind nicht zu gefährlich erscheinen. Das sollte erst noch kommen. Ich hockte bei beginnender Dämmerung auf einer Leiter am Altholzrand, um auf Reineke zu passen. Bis zur Feldkante waren es ungefähr dreißig Meter und dort ging ein Röhrensystem in das Feld. Die freien Eingangsröhren wurden häufig von den Füchsen kontrolliert. Vielleicht war der eine oder andere Rote ja schon in Hochzeitsstimmung?

Der eisige Wind, der von halbrechts in meinen Nacken pfiff und empfindlich an meinem Ohr biss, aber ansonsten vorläufig auszuhalten war, stand für meine Aktion günstig. Schon oft hatte ich den Fuchs aus den Feldhecken in Richtung Wald schnüren sehen. Und jeder Fuchs, der von dort kam, konnte unmöglich Wind von mir bekommen. Vorläufig war jedoch nichts zu sehen.

Der Wind griff unbarmherzig in den Lodenmantel, und unwillkürlich musste ich mich schütteln. Immer wieder fegten kleine Schneefahnen von der Feldkante in das Altholz. Jetzt einen schönen Pott mit dampfendem Kaffee, dazu einen ordentlichen Kanten Topfkuchen und den Spiegel an der Heizung, das wäre doch was! Aber nun war erst einmal Fuchs angesagt.

Ich schaute in die Runde. Das ganze Geschehen, soweit das Auge reichte, war leer. Ohne Lebewesen, kalt und windig. Vielleicht ist das Wild ja schlauer als der hoch droben auf der Leiter hockende

Jägersmann? Solche Gedanken verkürzen die Zeit, und es war mit einem Mal Nacht. Das heißt, es wurde gar nicht richtig dunkel. Der Schnee, die geschlossene Wolkendecke und das Licht der nahen Stadt zauberten eine gewaltige Kulisse für einen Ansitz auf Reineke. Wunderschön. Nur, es müsste nun auch mal ein Fuchs kommen. Und just in diesem Moment wurde ich halbrechts vor mir auf gut einhundert Meter eine Bewegung gewahr. Aha!?

Auch ohne Glas konnte ich erkennen, dass ein Fuchs am Bestandesrand entlangschnürte und zielstrebig die Röhren ansteuerte. Na, bitte! Vorsichtig griff ich zur Büchse, ging in Anschlag und suchte den Fuchs im Zielfernrohr. Nichts! Kurzer Blick neben die Optik. Gar nichts! Wo ist der Fuchs? Eben war er noch da. Der Fuchs blieb unsichtbar. Im Halbanschlag drehte ich meinen Kopf so gut es ging nach allen Seiten. Nichts und wieder nichts, er blieb verschwunden.

Um zu vermeiden, dass mir die nicht behandschuhten Hände alsbald erfrieren würden, legte ich die Waffe ab und vergrub die eiskalten Hände tief im Lodenmantel. Das tat ja richtig weh. In der Anspannung hatte ich das gar nicht gemerkt und musste nun ordentlich massieren, um wieder Gefühl in die Finger zu bekommen. Damit war ich minutenlang voll beschäftigt. Und zwar so sehr, dass mir, als ich so nebenbei ganz unbedarft nach rechts schaute, ein gewaltiger Ruck durch den Körper jagte. Keine zwanzig Meter rechts, mir abgewandt, stand Reineke. Wie war er dort hingekommen?

Schon schnürte er weiter nach rechts, und ich musste meine durch den Wind stark tränenden Augen senken. Als ich sie leicht gebückt trocken gewischt hatte und wieder nach rechts schaute, war die Bühne wiederum leer. So sehr ich auch Kopf und Oberkörper bis zur Lendenwirbel-Schmerzgrenze drehte, nichts war mehr zu sehen. Nach einer weiteren halben Stunde, während der ich noch über den Verbleib des Fuchses resümierte und das Gelände sondierte, fand ich es an der Zeit, unbedingt und sofort die Heimreise anzutreten. Für einen längeren Ansitz bei diesem barbarischen Wind war ich nicht präpariert.

Also, ab! Und genau jetzt, als ich nochmals der Gewohnheit entsprechend in die Runde schaute, war der Fuchs wieder da. Sofort nahm ich die Büchse in die wieder einsatzfähigen Hände, denn Reineke musste nunmehr jeden Moment in meinen Wind kommen, und das wäre das absolute Ende dieses kalten Ansitzabends gewesen.

Er bekam keinen Wind von mir. Der Schuss ließ ihn auf der Stelle zusammensinken. Was habe ich mich gefreut! Und geschlottert. Nach dem Abbaumen auf dem Weg zum Fuchs konnte ich nicht mehr ergründen, was mehr klapperte, meine Zähne oder die restlichen Knochen. Außerdem tränten die Augen in wahren Sturzbächen, und diese erstarrten in kurzer Zeit am Bart. Es war die reine Lust.

Der kräftige Rüde, den ich zu Hause in den Schuppen gehängt hatte, war am nächsten Morgen steifgefroren wie ein Waschbrett, und ich musste ihn zum Abbalgen in der Wärme des Kellers langsam auftauen. Doch war dieses eisige Erlebnis noch nicht der Höhepunkt der ach so erholungsträchtigen Tage zwischen den Jahren.

Am Tag vor Silvester trafen wir uns morgens zu einer kleinen Stokeljagd auf Niederwild. Meine Brüder und einige Freunde hatten sich mit dem Jagdaufseher im nahen Wald eingefunden. Ein ekelhafter Ostwind pfiff bei annähernd Minus 15 Grad über die verschneiten Flächen. Die gefühlte Kälte war um ein Vielfaches höher. Eigentlich kein Wetter für ein lustiges Jagen auf Niederwild. Aber wir hatten uns lange auf diesen Tag gefreut und somit

ging es an einem ehemaligen Schlammbecken mit der Suche nach Kaninchen los. Die ganze Korona hatte sich dem Wetter entsprechend ausstaffiert und auf den ersten Blick hatte alles gewaltige Ähnlichkeit mit den Horden des Dschingis-Khan. Der Zweck heiligt die Mittel.

Nachdem nach kurzer Zeit auch noch Eiszapfen in verschiedener Größe und Farbe das Antlitz der Bartträger schmückten, war uns klar, dass Sibirien nicht mehr weit sein konnte. Es war eine gemeine Kälte. Der erste Ausfall war dann alsbald der mittreibende Sohn eines Freundes, den wir fast erstarrt nach Hause bringen mussten. Obwohl ich kurz davor war, die ganze Aktion abzublasen, ging es weiter mit der Jagd. Die Stimmung war gut, und vorläufig wollte niemand aufgeben. Denn man tau, sä de olle Karl, wat kummt dat kummt!

Wir klapperten den nördlichen Dammbereich nach Kaninchen ab, die hier sonst gut zu bejagen waren. Der arge Ostwind hatte nicht eines vor die Röhre gelockt, und auch Jack, der Münsterländer des Jagdaufsehers, zog es vor, auf der windabgewandten Dammseite zu suchen. So ein Münsterländer ist ja nicht dumm. Wir konnten kaum die Flinten halten, so biss die Kälte auf der voll im Wind liegenden Nordostseite durch die Handschuhe.

Das war sicher auch die Ursache, warum mein Brüderlein einen starken Fuchs, der tief im Graben am Hang lag und vermutlich aus dem gleichen Grund wie wir hier war, zu spät beschoss. „Der war zu schnell", war seine Entschuldigung. Ich überfiel im Schweinsgalopp den Damm, um Reineke im Schlammbecken abzupassen. Der kurze Lauf tat dem Körper gut. Leider kam ich um Sekunden zu spät, und er zeigte mir die Lunte. Pech! Weg war er. Da rätschte ein Häher, und im Augenwinkel sah ich ihn anstreichen. Die Flinte flog an den Kopf und, damals durften wir das noch, der Häher wurde meine unverhoffte Beute. Die einzige in diesem ersten Treiben.

Im zweiten Treiben bekam der Bruder durch erstarrte Waffenölreste die Flinte nicht mehr zu. Wir dachten anfangs an einen technischen Defekt. Aber bald zeigten auch alle anderen Flinten diese kältebedingten Ausfälle. Das Ende der Aktion läutete sich ein. Ein Treiber fand den Schädel eines verluderten Rehbockes, den wir, das wurde einstimmig beschlossen, am Ende der Jagd mit auf die Strecke legen wollten. Wir kürzten nunmehr die Aktion ab und bekamen in einer durch Dickung und Eisenbahndamm geschützten Revierecke noch einen Fasanengockel und ein Kanin. Na, bitte! Das war das absolute Ende dieser jagdlichen Aktion. Von nun an wollte niemand mehr weitermachen.

Bevor wir wärmere Gefilde aufsuchten, gab es zu Mittag die Erbsensuppe auf dem Streckenplatz. Bei dieser Suppe brauchte man, nachdem sie dampfend aus dem großen Topf in die Schalen kam, nicht mehr zu pusten. Ich hatte, nachdem ich nur kurze Zeit die Schale abgestellt hatte, schon Eis auf den Erbsen. Die heißen Getränke gingen sprichwörtlich weg wie „warme Semmeln".

Ursprünglich wollten wir die Strecke verblasen. Das wäre schiefgegangen. Wir wären zumindest die Mundstücke bis zur warmen Wohnung nicht mehr losgeworden. Die erlegten Kreaturen waren bereits steifgefroren, genau wie der Fuchs, der zu Haus im Schuppen hing. Wesentlich besser erging es Jägern und Treibern zum Ende dieses eiskalten Jagdtages zum Jahreswechsel 78/79. Das Schüsseltreiben, das dann in einem warmen, windstillen Keller stattfand, ertrug die ganze Korona ohne große Qual.

*

Trockenes, ruhiges Winterwetter lässt Jägerherzen höher schlagen.

Trotzdem es ja für Jäger kein schlechtes Wetter gibt, kann eine ordentlich Minuszahl auf dem Thermometer die Jagd beeinträchtigen. Starker Wind ist in aller Regel dem jagdlichen Erfolg abträglich. Oder? Der alte Jägerspruch „Wenn der Wind jagt, soll der Jäger nicht jagen" muss da manchmal Federn lassen. Wohl gemerkt, manchmal!

Eigentlich hätte man bei solchem Sauwetter zu Haus bleiben sollen. Aber nun sitzen wir, mein Freund Ernst und ich, auf einer hohen Leiter im Fichtenaltholz und warten auf Kahlwild. Nicht nur, dass es mittlerweile unaufhörlich regnet, nein, zu allem Überfluss treibt der stärker werdende Wind wabernde Dunstwände vor sich her, die uns immer wieder die Sicht einschränken.

Ich hätte gute Lust, das schier aussichtslose Unternehmen abzublasen. Doch nun habe ich den langen Weg hierher gemacht, und vielleicht bessert sich das Wetter ja noch ein wenig. Die Bestätigung, dass Ernst ähnliche Gedanken hat, folgt umgehend. Er räuspert sich: „Wenn ich nur geahnt hätte, wie entsetzlich das Wetter wird, hätten wir uns diesen Ansitz geschenkt. Bei dem Gerausche hört man nichts, sehen kann man eh nicht viel, und das Wild sucht Schutz in den Einständen und ist sicher kaum unterwegs. Aber nun sind wir hier, einen Moment warten wir noch ab."

Ich mag nicht widersprechen; denn ich habe es Ernst zu verdanken, dass ich hier im Forstamt seines Vaters überhaupt auf Rotkahlwild jagen darf. Da ich kaum Erfahrung mit diesem faszinierenden Wild habe, hat sich Ernst netterweise bereit erklärt, den Jagdführer zu machen. Das beruhigt und gibt Sicherheit. Nochmals versuchen wir, uns fröstelnd tiefer in unsere bereits voll gesogenen Lodenmäntel einzuschieben. Selbst unsere Mützen sind schon durchnässt. Just in dem Moment, in dem ich spüre, wie mir das Wasser vom Kragen langsam den Rücken herunterläuft, stößt mich Ernst sacht an und zeigt kopfnickend in Richtung Wechsel.

Ich starre gebannt dort hin, kann aber vorläufig nichts erkennen und wische mir erst einmal die Feuchtigkeit aus den Augen. Ernst raunt mir zu: „Nimm, wenn es geht, erst das Kalb und dann das Alttier." Würde ich gern tun, wenn ich nur wüsste, wo die Stücke stehen.

Der Wind pfeift und orgelt, dass sich die Wipfel der Bäume biegen. „Wenn der Wind jagt...!" Ich gucke mir die Augen aus den Kopf. Nichts! Da, eine Bewegung. Das Kalb! Und nun sehe ich dahinter auch das Alttier. Die beiden Stücke im triefenden, dunstwabernden Altholz wirken irgendwie gespenstig. Das Alttier sichert. Erst als es von uns wegäugt, nehme ich langsam die Büchse hoch. Das Kalb, mit auffallend rauher Decke, steht breit auf wohl knappe achtzig Meter. Wenn das Alttier das nun auch täte, könnte ich vielleicht beide Stücke erlegen. Die Sekunden verrinnen. Nichts merke ich mehr von Regen und Sturm, konzentriere mich mit allen Sinnen auf das Wild vor mir.

Wie eine Ewigkeit kommt es mir vor, bis sich auch das Alttier breit stellt. Ich habe das Kalb im Absehen. Dumpf dröhnt der Schuss durch den knarrenden Wald. Das Kalb kommt in rasender Flucht den Hang herunter und verschwindet aus unserem Sichtfeld. Ich habe keine Chance mehr, auf das Alttier, dass zur anderen Seite hin flüchtig abgeht, zu Schuss zu kommen. „Schade" sagt Ernst, „aber das ging zu schnell. Das Kalb hat übrigens einen guten Schuss, verlass dich drauf, es liegt!"

So ist es. Nach einer Weile gehen wir die gut sichtbare Schweißfährte aus und sind bald am Stück. Es ist doch erstaunlich, welche Fluchtstrecke tödlich getroffene Kälber oft noch zurücklegen. Ich bin glücklich über die gute Kugel und über das Kalb. Wir müssen es den ganzen Hang hinaufziehen und werden nun auch noch ordentlich von innen her nass, und der Wind heult in den Fichten.

Der Abschussplan des weiblichen Rehwildes war noch nicht erfüllt und extrem schlechtes Januarwetter mit Regen, Schlackerschnee und tagelangem Sturm hatte die Ansitzjagd fast unmöglich gemacht. Ich kannte eine alte, nichtführende Ricke in meinem Pirschbezirk, auf die ich bereits mehrmals erfolglos angesessen hatte. Deshalb wollte ich es bei dem Sauwetter einmal mit der Pirsch versuchen. Aber es war ein stürmischer Sonnabendmorgen, und normalerweise sind besonders an Wochenenden im Revier wahre Heerscharen von Spaziergängern unterwegs. Warum sollte es aber bei diesem Wetter, bei dem man keinen Hund vor die Tür jagen mag, eigentlich nicht klappen?

Als ich in der Dämmerung aus dem Auto stieg, wehte mir der Hut vom Kopf, und ich musste ihn mühsam wieder einfangen. Das fing ja gut an. Es stürmte und pfiff nicht schlecht hier im Bestand. Dunkle Wolken jagten am Himmel dahin und setzten nur spärlichen Regen frei. Gottlob, wenigstens einigermaßen trocken. Na, denn man los. Hut bis auf die Ohren gezogen, Büchse und Glas umgehängt und ab, den Höhenwanderweg entlang. Ein paar Rabenkrähen flogen wie Fetzen durch die Luft.

Langsam pirschte ich in Richtung des Einstands der Ricke. Das Stück hatte ich in letzter Zeit einige Male im Altholz in der Nähe eines Verjüngungshorstes äsen sehen. Aber immer so spät, dass an einen sicheren Schuss nicht mehr zu denken war. Außer mir war offensichtlich niemand im Wald unterwegs. Gut so. Ich blieb stehen und leuchtete den Bestand vor mir ab. Ein Hase mümmelte keine fünfzig Meter am Rand des Weges. Mal sehen, wie dicht man bei dem Spektakel an ihn herankommt. Der Hase bekam mich erst auf knapp fünf Meter mit. Und auch dann musste ich ihm erst einen „guten Morgen" wünschen, bevor er sich empfahl. Langsam pirschte ich weiter.

Da stand sie, die altersschwache Ricke. Ich erkannte sie sofort an ihrer struppigen Winterdecke. Sie äste vollkommen vertraut am Verjüngungsrand. Jetzt warf sie auf. Unmöglich, dass sie bei dem Sturm etwas vernommen hatte. Das Sichern erfolgt wohl nur aus Routine. Schon bald äste sie weiter und zog dann flott auf mich zu. Fünfzig Meter. Ich stand still und fixierte die nächste dicke Buche an, um mir Deckung zu verschaffen. Deibel noch mal, mittlerweile trennten uns nur noch etwa zwanzig Meter. Ich hatte keine Chance, unbemerkt den Baum zu erreichen. Das Stück warf wiederum auf und äugte in meine Richtung. Ich stand, unter meiner Hutkrempe hervorschielend, bis auf einige Verjüngungsbuchen um mich herum, total frei.

Das alte Stück kam näher. Absolut unmöglich, zu diesem Zeitpunkt zu handeln. Keine fünf Schritt zog die schwache Ricke auf staksigen Läufen an mir vorbei und musste bald in meinen Wind kommen. Im Zeitlupentempo nahm ich die Büchse hoch. Als sie etwa dreißig Meter an mir vorbei war, bekam sie Wind und verhoffte abrupt. Raus war die Kugel. Nur eine kurze Flucht, dann lag sie. So muss das sein.

Unter den heulenden Buchenkronen brach ich das alte Stück auf und hockte mich dann trotz des Unwetters eine Weile dazu. Und da soll noch jemand behaupten: „Wenn der Wind jagt, soll der Jäger nicht jagen"!

*

Eine falsche Bekleidungsordnung bei der Jagdausübung kann unangenehme Folgen haben. Auf dieser Jagd war ich korrekt, den Witterungsverhältnissen angepasst, angezogen. Es herrschten vier bis fünf Minusgrade bei heftigem Westwind. Immer wieder gab es Schneetreiben zum Gotterbarmen. Die Sichtweite betrug das eine oder andere Mal knappe zwanzig Meter. So etwas ist auf einer Bewegungsjagd absolut fehl am Platze.

Ich stand an den Weserhängen im Forstamt Winnefeld und freute mich besonders auf das freigegebene Rot-, Muffel- und Schwarzwild. Als Karnickeljäger sieht man so etwas nicht alle Tage. Naja, ganz so dramatisch ist es nicht, mittlerweile gibt es auch bei uns Sauen „satt". Dafür aber kaum noch Karnickel.

Schon nach kurzer Zeit knallte es ringsum. Das konnte ich trotz des Sturmes hören. Alle Achtung, war das wieder mal ein Lüftchen heute. Leider hatte ich keinen Anlauf. Die Zeit tropfte dahin. Wenn nichts los ist, tropft sie, ist was los, fließt sie. Trotz, wie gesagt optimaler Bekleidung fror ich alsbald erbärmlich. Die Finger aus den Handschuhen zu ziehen, sorgte für nicht unerhebliche Pein. Ich hatte mich mit dem Spiegel zum Wind gestellt und wäre liebend gern unter den fünfzig Meter von meinem Stand entfernten Wurzelteller gekrochen, um mich dort einzuschieben. Aber als gut erzogener deutscher Waidmann verlässt man seinen Stand wegen solch einer Lappalie nicht. Und wenn du auch dabei erfrierst. Oder?

Ich erfror nicht, war mir aber sicher, dass der Widder, der mich nun anwechselte, zu schießen sei. Es waren nämlich alle Muffel wegen der Moderhinke frei. Doch als ich mich aus meiner Starre anschickte, die Büchse an den Kopf zu kriegen, zog es dieser vor, meinen Gelüsten dadurch einen Strich durch die Rechnung zu machen, indem er mir den Spiegel zeigte und sich empfahl. Donnerwetter, das war kein schlechter. Hat nicht sollen sein.

Mir war jetzt unwesentlich wärmer geworden. Leider währte das nicht lange. Wieder zum Wurzelteller schielend, bemerkte ich im rechten Augenwinkel einen flüchtenden Überläufer. Keine dreißig Meter passierte er meinen Stand. Ich habe ihn vorbeigehauen. Jawohl! Zwei Meter hinter ihm spritzte der Dreck auf. War er doch schneller? Jetzt zumindest, nach dem Schuss, legte er noch an Tempo zu. Da haut's einen doch glatt aus den Socken. Die Chance in diesem Treiben. Naja, bei der Kälte. Trotzdem war mir jetzt wieder etwas wärmer geworden.

Bis zu dem Zeitpunkt, an dem ich mich einigermaßen beruhigt hatte, hielt das an. Der Rest der Jagd war nur noch Kälte. Aber schön war es schon an den Weserhängen.

*

An diesem ruhigen Wintertag war es nicht besonders kalt. So um die fünf Grad Minus, kein Wind und angenehm trocken. Die schwache Wintersonne an jenem Nachmittag ließ den Schnee auf Baum und Boden in einem zarten Blaugrau erscheinen. Absolute Stille ringsum. Der Schnee schluckte jeden Laut. Faszinierende Ruhe!

Ab und zu, wie von Geisterhand ausgelöst, rieselte Schnee von den knorrigen Ästen der Eichen seitlich des Ansitzes, und jedesmal wurde meine Aufmerksamkeit wiederum erhöht. Da waren die Geister – Kohlmeisen auf Nahrungssuche. Einer der Schwarzgelben passte meine Anwesenheit wohl nicht, was sie mir auch laut zeternd mitteilte. Es dauerte noch eine ganze Weile, bis wieder Ruhe einkehrte.

Und dann meinte ich nach einiger Zeit, rechts von mir ein leises Geräusch zu hören. Vorsichtig drehte ich den Kopf in diese Richtung. Nichts! Doch, da war irgendetwas. Beinahe hätte ich die Ricke mit ihrem Bockkitz übersehen. Man soll nicht glauben, dass so etwas bei den guten Lichtverhältnissen passieren konnte.

Die Sonne war plötzlich durch aufziehende Wolken verdeckt. Jetzt hob sich alles dunkel wirkend aus dem Weiß der Schneelandschaft hervor. Die Bäume, die Stucken mit ihren Schneehauben, die Haselbüsche und auch die Rehe. Nur das vorziehende Kitz ermöglichte mir das Erkennen der beiden Stücke.

Auch ohne Glas konnte ich die auf hundert Meter anwechselnden Stücke als zwei alte Bekannte registrieren. Ricke und Kitz zogen langsam nach links an meinem Bodenansitz vorbei. Absolutes Stillsitzen war angesagt. Sie naschten hier und dort an der Verjüngung und plätzten auch im Schnee nach Äsung. Die Stücke waren gut genährt und hatten keine Probleme mit dem Winter.

Beide waren zu meiner Linken schon fast am dort verlaufenden Weg angelangt, als die Ricke verhoffte und sicherte. Das Kitz plätzte weiterhin im Schnee, so dicht und doch kaum zu hören. Die Ricke sicherte immer noch, und so, wie sie da im Schnee verhoffte, wirkte der Anblick wie ein Scherenschnitt. Ihr Haupt wandte sich nach links – in meine Richtung! Plötzlich sind wir „Auge in Auge".

Der Träger wurde immer länger, die Lauscher waren in Bewegung. Sie stapfte mit dem Vorderlauf auf. Und noch einmal. Starre Haltung. Erst jetzt sah ich, dass auch das Kitz zu mir herüberäugte. Sie konnten keinen Wind von mir haben. Mein sichtbares Ausatmen zog halblinks von mir fort. Beide verhofften nach wie vor. Ich wagte kaum zu atmen.

Dann war der Spuk vorbei. Die Ricke senkte den Träger, das Kitz wendete sich dem Weg zu. Ausatmen! Doch plötzlich zog die Ricke langsam, sich abwechselnd nach links und rechts wendend mit tiefem Träger auf mich zu. Neugierige Tante, gib Ruhe! Ist doch alles in Ordnung. Aber irgend etwas musste sie gestört haben, sonst hätte sie sich nicht so intensiv für meine Richtung interessiert. An meinem „Outfit" konnte es nicht liegen, das war auf dem Winteransitz erprobt. Das Kitz stand nun schon auf dem Weg.

Die Ricke war bis auf zehn Schritt heran und verhoffte wiederum. Der Träger wurde lang und länger, die Lauscher hofften etwas zu erhaschen, und die Luft wurde mit nach oben gehaltenem Windfang geprüft. Dafür bekam ich bald keine Luft mehr, so sparsam atmete ich.

Urplötzlich, ein alle Sinnenbemühungen stoppendes Zusammenfahren des Stückes. Ich muckte gleich mit, das konnte ich nicht verhindern. Das bekam sie mit. Nun fing sie an zu schrecken. Trotzdem hielt sie weiter aus. Sie hatte also nichts gesehen. Der Tanz ging von Vorne los. Die Dame wiederholte das Spielchen komplett. Mit abschließendem Stop. Diesmal war ich drauf vorbereitet.

Sekunden der Regungslosigkeit folgten bei der Ricke und erst recht bei mir. Das schmerzte allmählich. Da drehte das Stück so mir nichts dir nichts, als ob sie das alles überhaupt nichts mehr anginge, in Richtung des Weges. Sie konnte sich aber nicht verkneifen, noch einmal zu verhoffen, um zu mir zu äugen. Gerade wollte ich meine Beine ausstrecken. Aber jetzt zog sie flott weiter. Beine strecken. Endlich. Auf der anderen Wegseite angekommen, nahm sie das Kitz in flotter Gangart mit. Nicht flüchtig, aber doch mit einem Tempo, das mir irgendwie suggeriert, dass ihr das letztendlich alles nicht geheuer war und es wohl besser sei, sich aus dem Staub zu machen. Die Stücke waren fort.

Was mag die Ricke wohl „gedacht" haben, was da vor ihr am Eichbaum hockte? Leider werde ich es nicht erfahren. Das faszinierende Erlebnis hatte um die fünfzehn Minuten gedauert und mich fast vergessen lassen, dass ich eigentlich auf Reineke passen wollte. Der Fuchs tat mir nicht den Gefallen, sich auch nur annähernd so intensiv für mich zu interessieren. Er ließ sich nicht einmal blicken!

*

Alltägliches

Es soll ja Jäger geben, die trotz minimalen Schlafkonsums beständig und überaus hartnäckig, auch nach anstrengendem Tagesablauf, zielstrebig ihre Ansitzeinrichtung ansteuern. Zwar hat man nach abendlicher Kalorienzufuhr mit anschließendem „Mal-kurz-auf's Sofa, nur zum Zeitungslesen", schon argwöhnisch von der lieben Frau beobachtet, große Mühe, wieder auf die Läufe zu kommen, aber seit Tagen sitzt man sich den Hintern platt, um den wiederholt gefährdeten Keiler in Anblick zu bekommen.

Nichts ist dabei in den vergangenen Schneenächten passiert! Aber es geht ja schließlich um die – wenn auch nur innere – Ehre bei einem solchen jagdlichen Unterfangen. Oder? Die Familie hat eh nur noch ein schlappes Abwinken für den geplagten Jägersmann parat, wenn er den Gang zum Waffenschrank antritt.

Nun liege ich da auf meinem Sofa. Schön, so etwas. „Menschenskind", bohrt das Bequemlichkeitsteufelchen, „bleib liegen bei deiner Zeitung!" Der Verführer gewinnt an Übergewicht! Die Zeitung ist längst den schwachen, bleiernden Händen entronnen und dekorativ zu Boden gesegelt. Ein Auge übt schon mal, wie es wäre, wenn man jetzt, so richtig müde von den letzten fast schlaflosen Nächten, einfach liegen bliebe. Der klassische Zustand zwischen entweder/oder. Zustand zwischen den Welten der Sinne.

Nein! Heute kommt der Keiler. Drum, ein letztes kurzes Erschlaffen und... schwupp, da steht der Kerl. Erschrocken springt der Hund zur Seite. Nun aber los, es wird Zeit. Schnell noch einen Kaffee, und dann aber flugs in die zig Klamotten, die so ein winterlicher Ansitz erfordert. Schon beim Anziehen bereue ich, allerdings nur so für mich, dass ich nicht doch liegen geblieben bin.

Mann, oh Mann, was ist doch die Blattzeit schön. Nur in Hemd und Hose, mit leichten Schuhen, alles problemlos. Bis auf die Mücken natürlich. Als ich fertig bin mit meinen Klamotten, komme ich im warmen Zimmer gewaltig unter Dampf. Raus jetzt, drängt es mich, bloß raus! Die Fahrt ins Revier ist dann schon voller Vorfreude auf die kommenden Stunden. Geht doch fix, so ein bisschen Fröhlichsein. Na, bitte.

Ist doch herrlich, so im Winterwald zu hocken, auf Sauen zu lauern! Vielleicht schnürt Reineke vorbei und überhaupt. Was verpassen die armen Menschen, die jetzt mit Bier und Chips in der warmen Bude hocken und in die Glotze starren? Ist doch geradezu erbärmlich.

Mit diesem kernigen Zuspruch, speziell auf jene Institution in meinem Hirn gezielt, die weiterhin der Meinung war, ich solle doch man ruhig ein bisschen pennen, schaute ich nunmehr putzmunter von meiner halboffenen Kanzel herab. Eine Neue hatte es nicht gegeben. Stucken und Naturverjüngung, die in solchen Schneenächten irgendwann im Laufe der Ansitzzeit Bewegung vortäuschen, verblieben vorläufig noch in ihrem eigentlichen Zustand. Ich meinte allerdings auch, die für solche Sinnestäuschungen prädestinierten Stellen mittlerweile alle zu kennen. Nun, ja.

Nach ein paar Stunden Ansitz ändert sich das erfahrungsgemäß. Da werden dann Sau und Fuchs daraus. Aber noch war ich munter, angespannt und rundum zufrieden mit mir. „Nun komm, Keiler, lass dich sehen!" Das ist es, was uns immer wieder nach draußen treibt, trotz vieler erfolgloser Ansitze und Pirschgänge. Die Hoffnung, das Warten, das Knacken in der Dickung, das Fühlen und Ahnen, dass da Wild kommen muss.

Endlich dann, vielleicht die Freude über Waidmannsheil, oft aber auch der zigste Gang nach Haus, erfolglos! Erfolglos? Aber nicht umsonst! Niemals! Wie kann auch nur eine Sekunde draußen verbracht, bei gutem und bei schlechtem Wetter, mit oder ohne Anblick der Wildart, der wir gerade nachstellen, umsonst sein?

Unmengen an anderen, auch noch so kleinen Erlebnissen, die uns Mutter Natur bietet, können so eine Zeit nicht „umsonst" machen. Man muss nur bereit sein, das, was einem da widerfährt, auch aufzunehmen, zu verarbeiten und dankbar anzunehmen. Oft sind es scheinbar unerhebliche, nichtige Kleinigkeiten, die für lange Zeit Freude spenden können. Und genau das erzählte ich mir, nachdem ich drei Stunden bei doch recht ekligem Wind still auf meiner Kanzel gesessen hatte. Ohne Anblick. Das heißt, bis auf Reineke, der flott oben am Hang durch die Verjüngung schnürte und kurzweilig meinen Blutdruck in Wallung brachte. Schießen hätte ich nicht können, dazu stand die Verjüngung zu dicht.

Just in diesem Moment hoppelt halbrechts von mir Meister Lampe gemächlich daher. Ich verfolge ihn mit meinen Augen, bis er vor der Kanzel verharrt und an der Naturverjüngung hier und da ein wenig Äsung aufnimmt. Urplötzlich macht der Krumme einen Kegel und geht sofort danach hochflüchtig ab. Aha! Der hat etwas gehört, was du noch nicht hören konntest. Das sind die Sekunden, die für alles entschädigen. Jetzt passiert etwas! Vorsichtig greife ich zum Glas.

Gerade habe ich die Optik am Kopf, als mich ein gewaltiger Schreck zusammenfahren lässt, richtig gerissen hat es mich. Im Glas kann ich nur etwas Gleitendes, Dunkles, Schemenhaftes auf mich zukommen sehen. Schon ist es da. Das Glas sinkt ruckartig. Beinahe wäre ich rücklings vom Sitzbrett gefallen, so haut es mich um. Der Körper fliegt wieder nach vorn. Donnerlittchen, was für ein Schreck! Was ist denn das für eine Furie?

Ein Waldkauz blockt keine vierzig Zentimeter vor meinen starr aufgerissenen Augen auf der Schießleiste der offenen Kanzel auf. Für Bruchteile von Sekunden befinde ich mich mit dem Waldgeist Auge in Auge. Faszinierend. Dann scheint auch er in Panik zu geraten, denn genauso schnell, wie der Spuk gekommen ist, ist er wieder entschwunden.

Nun bin ich aber munter. Bitte, da haben wir es doch. Nicht Keiler, Fuchs und all das, was meinem jägerischen Begehren entsprochen hätte, hat für „das Erlebnis" dieser Nacht gesorgt. Nein, ein Waldkauz war es, ein ganz gewöhnlicher Waldkauz.

Nebenbei gesagt, ich bibbere nach diesem Erlebnis nicht weniger als nach einem Zusammentreffen mit Keiler oder Fuchs. Was zählen da schon die durchfrorenen Stunden? Nicht wahr!? Man gut, dass du nicht pennen gegangen bist und dich aufgerafft hast. Dies alles ging mir nun durch meinen Schädel. Allerdings kam auch eine Botschaft an, die immer mehr an Gewicht gewann: „Nun reicht es, es kommt nichts mehr, denk an die Arbeit, sei nicht dumm. Der Schnee liegt morgen auch noch".

Frohgelaunt, trotz leeren Rucksackes, packte ich meine Siebensachen und strebte auf kalten Füßen leise dem Auto zu. Das Wetter wird ganz bestimmt bis morgen halten.

*

Mit meinen Freunden, den Sauen, ist es mal so mal so. Selbst wenn man sie häufig in Anblick hat, ist es nicht gesagt, dass sich das auch gleich im Schussbuch bemerkbar macht.

Eines Junimorgens fuhr ich mit Pietie zur Bockjagd. Er hatte noch einen Bock der Altersklasse frei, und ich wollte mich um die Jährlinge kümmern. Pietie verließ das Auto in einer Wegebiegung und pirschte zu seiner Leiter. Wir hatten vereinbart, dass, falls der Wind dort nicht passen sollte, er rund dreihundert Meter westlich eine Leiter in einer Abteilungslinie besetzen sollte.

Langsam wie immer fuhr ich auf dem Wirtschaftsweg weiter. Immer rechts und links in den Bestand schauend, um eventuell vorhandenes Wild auszumachen. Die erste Abteilungslinie kam mit Pieties potentieller Ansitzleiter. Nichts, kein rotes Haar war zu sehen. Langsam fuhr ich weiter. Kurz vor der nächsten Abteilungslinie stand links im Bestand ein zierliches Reh. Schmalreh oder Jährling? Langsam fuhr ich weiter und konnte das Stück auf knapp zwanzig Meter als schwaches Schmalreh ansprechen. In Niedersachsen sind die Schmalrehe Anfang Juni erst einmal wieder zu, somit hatte das Schmalreh an diesem Morgen nichts zu befürchten.

Weiter rollend registrierte ich im Unterbewusstsein, dass ich durch diese Aktion nicht wie gewohnt in die rechts liegende Abteilungslinie geschaut hatte. Dort stand ebenfalls eine Leiter, und die wollte ich besetzen: Ich stellte den Wagen gut dreihundert Meter weiter ab. Da, wo das Schmalreh stand, stand vielleicht auch das Brüderlein. Schaun wir doch mal.

Es war schon spät, so ungefähr sechs Uhr, als ich ausgerüstet Richtung Abteilungslinie marschierte. Das Schmalreh war nicht mehr zu sehen. Langsam, langsam ging ich an den Graben, der den Weg vom Altholz trennt, und sah in der Abteilungslinie außer einer mir bekannten, beim Holzrücken vergessenen Buchenrolle nichts. Wer hat denn das Buchenstück in die Mitte der Linie bugsiert, registrierte ich nebenbei und schaute nach links und rechts in den Bestand. Langsam nahm ich das Glas hoch und musste feststellen, dass sich die Buchenrolle bewegte? Toll! Das war ja ein Mordstrum von Sau, die ich nun auf gut hundert Meter im Glas hatte. Und jetzt sah ich es auch rund um das Stück herum wuseln. Aha, Bache mit Frischlingen. Von winzig bis zehn Kilo. Da muss ja noch mehr sein? Langsam zogen drei schwächere Bachen auf die Fläche und alle, alle waren dabei, die Morgenkost einzunehmen. Alle Wetter! Ich fing an zu zählen. Schier unmöglich bei dem dauernden Hin und Her. Aber so zirka zwanzig Sauen waren auf der Fläche. Rechts und links im Bestand schmatzte und quiekte es ebenfalls. Das konnten nun gut und gern noch mal so viel Stücke sein. Und nichts dabei für mich?

Ich überfiel vorsichtig den Graben und pirschte bis zur nächsten Buche. Wieder nahm ich das Glas an die Augen und zählte. Es war einfach unmöglich, die genaue Zahl der vor mir brechenden Sauen zu ergründen. Nochmals pirschte ich weiter bis zur nächsten Buche. Nun stand ich ungefähr zwanzig Meter von meiner Leiter entfernt, die ich eigentlich wegen eines Jährlings am heutigen Morgen besetzen wollte. Aber bei soviel Schwarzwildanblick sollten die Jährlinge noch ein bisschen warten. Die Leiter stand auf der gegenüberliegenden Seite der Buche, an der ich nun lehnte. Doch da musst du drauf Jägersmann! Ich nahm die Büchse an den langen Arm und war just im Begriff, mich vorsichtig auf die andere Seite zu bewegen, als keine fünfzig Meter links von mir zwei Überläufer auf die Abteilungslinie zogen. Stop! Ich blieb stehen. Allerdings stand ich nun fast in der Mitte der Abteilungslinie. Nicht so günstig, schoss es mir durch den Kopf. Das eine Stück zog zügig über die Linie und begann, in der rechtsseitig liegenden Naturverjüngung zu brechen. Das andere Stück kam fortwährend brechend auf mich zu.

Längst hatte ich die Büchse im Halbanschlag. Nun hätte ich gern gewusst, ob ich Bache oder Keiler vor mir hatte. Das Stück mochte wohl zwischen dreißig und vierzig Kilo wiegen, und ich glaubte anfänglich, einen Pinsel erkannt zu haben. Ich glaubte. Da es beim Schwarzwild zur Zeit aber so ist, dass Kinder Kinder bekommen, musste ich unbedingt Gewissheit haben. Ob ich nun eine ungewollte Bewegung gemacht habe oder der Wind mir einen Streich spielte, weiß ich nicht. Die Sau, zehn Meter von mir entfernt, hörte schlagartig mit dem Brechen auf. Der Pürzel, der bis dahin munter in Bewegung war, machte down und intensiv versuchte das Stück zu ergründen, was das da wohl vor ihm war. Es war sich nicht schlüssig, es hielt das Haupt mal nach links, mal nach rechts und zog hörbar die Luft ein. Gut so. Es äugte mich an, machte eine plötzliche Wendung nach links und „schwupp" war es im Altholz mit der schützenden Naturverjüngung verschwunden.

Jetzt hatte ich Steine und Pinsel ansprechen können. Nach kurzer Zeit konnte ich das Keilerchen schon wieder brechen und schmatzen hören. Nun aber flott, leise, leise auf die Leiter geklettert. Die restliche Rotte war immer noch aktiv, und wieviel Stücke noch in der Verjüngung standen, konnte man aufgrund der Geräusche nur ahnen. Ich setzte mich vorsichtig auf das Sitzbrett und leuchtete die Verjüngung vor mir ab. Da stand das Stück, halb verdeckt von der Verjüngung und zog in dieser hin und her. Keine fünfzig Meter. Es war vorläufig nichts zu machen, so sehr ich mich auch bemühte. Die interessanten Stellen waren ständig durch Äste und Laub verdeckt. Also draufbleiben. Das ging so zehn bis fünfzehn Minuten hin und her. Fortwährend musste ich dabei meine Anschlagposition ändern. Ich merkte jetzt, dass mein rechtes Bein, auf dem ich saß, sich aus der aktuellen Durchblutungsszene fast verabschiedet hatte. Auch das noch. Langsam hob ich den Spiegel und stellte mich, ohne die Sau dabei aus den Augen lassend, auf die oberste Sprosse der Leiter, um einem eventuellen Krampf zuvorzukommen. Nach einiger Zeit arbeiteten die Leitungen wieder, und ich nahm nunmehr ganzflächig auf dem dafür geschaffenen Körperteil Platz.

Mein Keilerchen war noch schwer am Arbeiten. Jetzt aber, wenn er so weiterzog, musste er an eine tiefbeastete Hainbuche kommen. Dort hatte ich knapp zwei Meter Schussfeld. Er tat es. Im letzten Augenblick stellte er sich allerdings noch halbspitz zu mir. Ich war mit dem Absehen auf den Halsansatz und raus war die Kugel. Kurze Flucht, kurzes Schlegeln. Aus! Doch was war das? Ich erschrak ordentlich. Wie Sturmwind ging es durch den Busch! Die restliche Rotte ging hochflüchtig ab, und ich konnte nur noch Schatten und sich wild bewegende Verjüngung erkennen. Donnerwetter, das waren sicher noch einige Schwarzkittel, die da ungesehen vor mir gebrochen hatten.

Ein Teil der Rotte und auch die starke Bache kamen Pietie, der mittlerweile auf der anderen Abteilungslinie saß, hochflüchtig. Er war begeistert von dem Anblick. Gemeinsam zogen wir den schwachen Überläufer zum Weg und waren nun der Meinung, dass einem ausgiebigem Frühstück an diesem wunderschönen Sommermorgen nichts mehr im Wege stehen dürfte. Ich freute mich sehr über das Erlebte und noch mehr darüber, dass die Sau eine gute Kugel bekommen hatte.

*

Mein jagdliches Umfeld ist über mein „Fuchspech" im großen und ganzen informiert. Für Statistiker: Etwa an jedem zweiten Fuchs schieße ich erbarmungslos vorbei. Ansonsten bin ich bestimmt kein schlechter Schütze, aber Reineke zeigt mir immer wieder meine Grenzen auf. Wenn ich bei der Bejagung anderer Wildarten auch so oft patzen würde, hätte ich mein Gewehr wohl schon längst an den berühmten Nagel gehängt. Eine plausible Erklärung für meine schlechte Fuchs-Bilanz kann ich nicht finden.

Zwei Möglichkeiten ziehe ich allerdings in Betracht; Einmal das jämmerliche Jagdfieber, das mich packt, sowie ich einen Rotrock nur in Anblick bekomme und das prägende Erlebnis bei der Erlegung meines ersten Fuchses. Es war an einem wunderschönen, klaren Sommeransitzmorgen, der eigentlich einem Jährlingsbock galt, als mich über eine Stunde lang eine fast ausgewachsene Jungfähe narrte, bis es mir gelang, sie endlich zu erlegen. Das aufreibende Hin und Her mit massiv auftretendem Jagdfieber und wieder zitterfreien Intervallen hat mich Jungjäger damals wohl nachhaltig geprägt. Seitdem muss ich mich bei jedem Fuchs ordentlich zusammenreißen, bevor ich den Abzug betätige. Und dennoch.

Vielleicht gibt es Waidgesellen mit ähnlichen Erfahrungen. Muss ja nicht beim Fuchs sein. Jedenfalls hat meine anhaltende Pechsträhne – oder wie man es nun nennen will – meiner Fuchs-Passion absolut keinen Abbruch getan. Im Gegenteil. Bei Mond und hellen Schneenächten hält mich nichts zu Hause, dann muss ich raus. Das Besondere ist: Entweder liegen von mir beschossene Rotröcke sofort oder ich fehle sie „sauber", Nachsuchen sind die Ausnahme. Und es liegt fast immer jeder zweite oder der erste und der zweite eben nicht.

Und dann kam die Nacht, die meine bisherige Fuchs-Statistik gehörig über den Haufen warf und für kurzfristige Fassungslosigkeit bei mir sorgte. Und dabei bin ich normalerweise gar nicht so leicht zu beeindrucken. Drei, jawohl, drei Füchse hatte ich nacheinander gefehlt, bevor ich nach einer guten Kugel den vierten in meinen Rucksack „einschliefen" ließ. Die Schüsse auf die ersten beiden gefehlten Roten waren nicht sonderlich schwer gewesen, der dritte kam allerdings zu nah an der Kanzel vorbei, da passte wohl der Schusswinkel nicht.

Nun, ich sitze auf meiner Winter-Lieblingskanzel am Rande einer Hof-Grenzbepflanzung mit Blick auf das verschneite Feld. Links, rechts und vor mir zeichnet sich dunkel der Bestandesrand ab. Der am Hofrand gelagerte duftende Misthaufen der Zuchtsauen sorgt für nachhaltiges Interesse bei Raub- und ab und an auch bei Schwarzwild. Ich hocke noch keine fünf Minuten und habe das Fernglas nach erfolgtem Abglasen gerade abgelegt, als rechts von mir aus dem Bestand kommend ein Fuchs auf dem mir bekannten Pass auf die Kanzel zuschnürt. Deibel, dat geit ja fix los, denke ich. Ruck, zuck habe ich das Gewehr im Anschlag und den Roten spitz von vorn im Absehen. Das ist nicht gut. Auch nicht, dass mich wieder mal grauseliges Jagdfieber befällt.

Der Fuchs schnürt flott heran, und ich muss immer wieder meine Anschlagsposition korrigieren, um ihn nicht aus dem Absehen zu verlieren. Als er dann endlich auf etwa fünfzig Meter leicht schräg stehend kurz sichert, zeigt das Absehen auf das linke Blatt und die 5,6 x 50 R Magnum geht auf die Reise. Vorbei? Reineke fliegt jedenfalls herum, saust wie ein dunkler Strich übers Feld und verschwindet im Wald. Mann, oh Mann – ich war doch gut drauf. Warum liegt der Rote nicht? Doch gemuckt? Muss wohl. Ärgerlich ist das. Ich grübele und überlege immer wieder, wie ich abgekommen bin. Normalerweise hätte er doch liegen müssen. Tut er aber nicht. Doch verwackelt? Ich puste meinen Unmut durch die Zähne. Auf ein Neues.

Ich habe das Mißgeschick gerade halbwegs verdaut, da löst sich aus dem Waldrand zu meiner Linken ein zweiter Fuchs und schnürt gemächlich in Richtung Bauernhof. Warte, jetzt gilt es. Nach meiner Statistik muss das ja klappen. Ich nehme mir fest vor, den Patzer wie gewohnt durch einen guten zweiten Schuss wett zu machen und gehe, entschieden ruhiger als beim ersten Mal, in Anschlag. Auf gut fünfzig Meter steht der Fuchs scheibenbreit, als ich den Finger krumm mache und, wie ich meine, gut abkomme.

Das gleiche Bild, der gleiche Ablauf. Nur seitenverkehrt. Jetzt reicht's mir wirklich!

Entsetzt setze ich die Büchse ab und starre erst ungläubig zu der Stelle am Bestandesrand, an der Reineke verschwand, und dann ungläubig auf das Gewehr in meinen Händen. Von wegen Statistik. Meine Gedanken fahren Karussell. Das darf doch nicht wahr sein! Ich bin fassungslos über den zweiten Patzer an diesem Abend. An zwei Füchse innerhalb einer halben Stunde aus günstiger Position vorbeigeschossen.

Das darf man wirklich keinem erzählen. Hubertus verhülle dein Angesicht. Leider tut er das nicht. Er ist nämlich gerade dabei, des Dramas dritten Akts zu lancieren. Das weiß ich bloß noch nicht. Nicht einmal ahnen kann ich es zu diesem Zeitpunkt. Nachdem in mir wieder einigermaßen normale Schwingungen vorhanden sind, werfe ich mir selbst erst einmal einige derbe Gemeinheiten an den Kopf. Das hilft. Glas hoch und da – das kann doch nicht wahr sein – zu meiner Rechten, akkurat auf dem selben Pass wie Fuchs Nummer Eins, schnürt der dritte Rote an diesem Abend auf mich zu. Fast wäre mir das Fernglas aus der Hand gefallen, so haut es mich zusammen. Ich kann es nicht glauben.

Da sitzt man oft nächtelang, ohne nur ein Haar zu sehen, und heute ist hier der Teufel los. Meine Stirn wird feucht. Die wollen mich fertigmachen, denke ich. Oder hat es sich bei den Rotröcken herumgesprochen, dass der Krach aus der Kanzel nicht lebensbedrohend ist? Nun denn, Jägersmann. Kneifen gilt nicht. Du wirst doch nicht drei Füchse an einem Abend vorbeisengen? Reiß dich zusammen, dann klappt es! Es klappte aber nicht. Auch an diesem Fuchs schieße ich sauber vorbei.

Ich bin wegen der dritten Pleite derart geschockt, dass ich den flüchtenden Fuchs nur noch aus den Augenwinkeln wahrnehme und verfalle danach in stumpfes Sinnieren. Ich könnte mich ohrfeigen. Am besten wäre es, sofort nach Haus zu fahren, um sich bei allem Unvermögen im Weinkeller einzuschließen. Dem Gewehr kann ich den schwarzen Peter nicht zuschieben. Der gestrige Probeschuss lässt das nicht zu.

Wenn diese Ballerei einer meiner Zunftgenossen gehört hat und mein Rucksack nachher leer ist, Gnade mir Gott. Auf die

Sprüche kann ich mich jetzt schon freuen. Wer den Schaden hat! Ich fühle mich elend und leer. Nur langsam werden die Gedanken wieder klar. Alles ist innerhalb einer guten Stunde verlaufen, und der Abend fängt ja eigentlich erst an. Doch sicher hat Diana ihren mehrfach dargereichten vollen Kelch bei so viel Graupelei vor Gram verschüttet. Elend, Elend.

Dass die Füchse heute Abend so früh unterwegs sind und anscheinend schon ordentlichen Schmacht haben, ist bei den relativ moderaten Temperaturen und der mickrigen Schneedecke eher ungewöhnlich. Sicher ist der Misthaufen mit seinen Mäusen und diversen anderen Leckereien, die auf so einem Bauernhof anfallen, für alle Füchse der Gabentisch schlechthin. Oder ist die Ranzzeit noch im Gange?

Ich greife zum Patronenetui und muss zu allem Überfluss feststellen, dass ich nur noch eine Patrone dabeihabe. Auch das noch. Aber ich hatte ja auch nicht mit einem derartigen Munitionsverbrauch gerechnet. Nachdem ich einen gewaltigen Seufzer durch das Kanzelfenster geschickt habe, zeigt mir der Blick durch das Glas einige Hasen und auch zwei Rehe in weiterer Entfernung auf der verschneiten Wintersaat. Sie haben mir die Knallerei offensichtlich nicht übel genommen. Oder nehmen sie mich nicht ernst? Übelnehmen könnte man es ihnen wirklich nicht.

Meine Gedanken kommen allmählich wieder auf Reihe. Schwamm drüber. Vorläufig. Ich schaue zur Uhr. Noch keine 21.30 Uhr. Das Licht ist gut. Eine Stunde hänge ich noch dran, dann werde ich die Anschüsse kontrollieren.

Wieder nehme ich das Glas an die Augen und leuchte das Feld ab. Da reißt es mich ohne jegliche Vorwarnung förmlich vom Sitzbrett, als bei einem Schwenk zum linken Waldrand sich genau in diesem Moment die Silhouette eines Fuchses aus dem Schatten der Bäume löst. Was ist los? Zwei links, zwei rechts! Das darf nicht wahr sein! Sind wir hier in der Handarbeitsstunde? Nein! Ich fange sofort fürchterlich an zu zittern – und beileibe nicht vor Kälte –.

Der Fuchs ist noch gut einhundertfünfzig Meter entfernt und kommt im Gegensatz zu seinen Vorgängern nicht direkt herangeschnürt. Ein wahrer Riesenfuchs steht da hinten auf dem weißen Feld. Ein ganz Starker mit einer auffallend buschigen Lunte. Ich tausche das Glas mit dem Gewehr und suche den Fuchs im Absehen. Da ist er. Was für ein Kracher von einem Fuchs. Reineke sichert in meine Richtung. Soll er ruhig. Wind kann er von mir nicht haben, der bläst aus Südost direkt in mein Gesicht. Der Fuchs rührt sich lange Zeit nicht, und langsam beginnen die Augen zu tränen. Die Arme werden lahm.

Reineke steht mit hocherhobenem Fang und windet. Das kann kein Jüngling sein. Langsam wird meine Sitzposition unbequem. Bevor ich jedoch eine Veränderung vornehmen kann, schnürt der Rote endlich weiter. Nun kommt er quer zu mir, aber ist immer noch gute einhundertfünfzig Meter entfernt. Er verhofft erneut. Es ist eine Qual. Ich habe ihn ständig im Absehen, traue mich aber nicht, Dampf zu machen. Jetzt kommt er in der typisch federnden Gangart Reinekes schnurstracks auf den Hof zu. Es wird ernst.

Im Unterbewusstsein registriere ich, dass ich während der langen Zeit im Anschlag immer ruhiger geworden bin. Ich warte auf meine Chance. Bin voll konzentriert. Reineke verhofft kurz und schnürt dann nach einer Rechtsdrehung mit tiefem Fang breit an meiner Kanzel vorbei. Ein kurzes Lufteinziehen mit gespitzten Lippen, der Fuchs steht, äugt zur Kanzel und raus ist die Kugel. Er liegt! Ja, er liegt. Bilderbuchmäßig. Ich stelle auf große Kugel und bleibe im Anschlag. Der schwarze Strich im Schnee rührt sich nicht. Sekunden vergehen. Nun muss ich erst einmal ordentlich durchatmen. Das vergisst man ja schon mal in solch einer Situation. Reineke liegt. Das tut gut. Das ist Balsam für die Nerven, die geschundene Jägerseele. Ich freue mich wahnsinnig über diesen, gerade diesen Fuchs.

Es hält mich nun nicht mehr lange auf der Kanzel. Der Fuchs hat die Kugel kurz hinter dem Blatt und ist in seiner Spur verendet. Keinen Muckser hat er mehr gemacht. Ein sehr starker Rüde. Ich betrachte ihn auf den Knien hockend freudestrahlend im Schein der Lampe. Meine Hände gleiten über einen wunderschönen Winterbalg mit langen Grannen. Die besonders stark ausgebildete prächtige Lunte mit der weißen Blume macht diesen Balg perfekt. Faszinierend.

Nun gilt es aber, die Zeugen meiner Patzereien in Augenschein zu nehmen. Der Schnee erleichtert mir die Kontrolle der drei Anschüsse. Ich finde die Kugelrisse, aber keinen Schweiß, keine

Schnitthaare. Nur die verwischten Fluchtspuren sind im Schnee zu erkennen. Gott sei Dank. Das nächste Mal muss es aber klappen.

Theoretisch hätte ich tatsächlich innerhalb von zwei Stunden vier Füchse erbeuten können. Aber, wer weiß, vielleicht wäre alles anders gekommen, wenn ich jedesmal getroffen hätte.

Der prächtige Rüde hängt heute als Stillleben präpariert neben einem Ratz und einer Waldschnepfe in meiner Jägerbude. Er erinnert mich an diesen denkwürdigen Ansitzabend. Lästermäuler behaupten, ich könne nun auch ruhig meine vorbeigeschossenen Füchse tottrinken, da ja notfalls immer schon mal einer in Reserve am Haken hängt.

*

Gesundheit und Jagd

Wer gesund bleiben will, muss essen. Da Jagdausübung durchaus anstrengend sein kann, ist die Wahl der Kost nicht unwichtig. Doch... manch einer sieht es so, der nächste wiederum ganz anders. Brotzeit. Sicherlich ein Begriff, mit dem man in aller Regel Angenehmes verbindet. Ich bin mir, im Norden unserer Republik wohnend, allerdings nicht ganz sicher, ob dieser Begriff für alle Tageszeiten, an denen man eine Brotpause einlegt, benutzt werden kann? Sei's drum. Jedenfalls ist es eine schöne Sache, wenn man nach getaner Arbeit eine Brotpause einlegen kann. Das gilt natürlich auch für den jagdlichen Bereich. Leider frühstücken wir mittlerweile draußen viel zu selten über den Daumen, will heißen, dass unser Messer als alleiniges Hilfsmittel Brot, Wurst und Käse über den Daumen portioniert, um diese Teile anschließend zwischen die Zähne zu schieben. Ich denke gern an die Zeit zurück, als wir uns auf einen Stucken oder im hohen Gras sitzend dem Schmaus hingaben. Wo und wann schmecken ein Kanten Brot und ein ordentliches Ende Wurst oder Schinken besser als unter freiem Himmel? Man kann beim Kauen himmelwärts schauen so herrlich träumen. Vorbei?!

Nein, ab und an, wenn auch leider selten, gibt es noch mal eine Brotzeit im Wald. In Kurzform. Meistens zwischen dem Anstellen der Gäste und dem Abblasen des nächsten Treibens. Wie gesagt, wenn die Zeit langt. Manchmal auch noch in froher Runde am Feuer. Jedoch, so ganz allein, das bringt oftmals mehr.

Etwas geruhsamer als bei der Drückjagd ist es noch beim stundenlangen Ansitz auf Tauben. Man muss nur im richtigen Moment die Hände freihaben, um die Flinte an den Kopf zu bekommen, wenn es notwendig wird. Aber auch das ist nicht die echte, entspannte, sich ganz dem Moment des Augenblicks hingebende, erlebte Brotzeit. Ab und zu sollte man sich das einfach einmal gönnen. Nun ja.

Essgewohnheiten, so hört man oft, sind anerzogen. Mag sein. In den Jahren meiner jagdlichen Betätigung habe ich häufig Gelegenheit gehabt, die Essgewohnheiten meiner lieben Mitjäger zu studieren. Fressorgien scheinen heutzutage out zu sein. Naturtalente ausgenommen. Bei den ganz jungen Jägern ist es häufig so, dass, wenn sie zu einer Taubenjagd für einige Stunden eingeladen sind, ihnen besorgte Mütter, Freundinnen oder Ehefrauen eine Brotzeit in den Rucksack stecken, mit der sie bequem für vier Wochen weitab jeglicher Zivilisation irgendwo im schönen Afrika ihr Dasein fristen könnten. Andere wiederum haben ihre Knifften in den geräumigen Taschen ihres Parkas oder der Jagdtasche verstaut. Plötzliche, heftige Bewegungen, wie sie gerade beim oftmals schnellen Anschlag bei der Taubenjagd notwendig sind, verhelfen Brot und Brötchen zu neuen, fantastischen Formen. Jedoch, die gequetschten Teigteile samt Belag kann man wieder in die ursprüngliche Form zurückbiegen. Wer mag. Schmecken tun sie auch so. Grundsätzlich anders ist das bei einer mitgenommenen Banane. Es ist ein herrliches Durcheinander, wenn das plattgedrückte Stück Obst sich nach allen Seiten geöffnet und seinen schmackhaften Inhalt mit eventuell vorhandenen Tabakresten oder Patronen vermischt hat. Das Einschliefen der Hand in solch eine Tasche ist ein Erlebnis ganz besonderer Art.

Wir lernen daraus, dass unsere Esswaren in den Rucksack gehören. Falls vorhanden. Dort passiert ihnen nichts. Es sei denn, der Hund verliert in einem unbeobachteten Moment die Nerven und hält Nachschau. So ist das.

Der eine braucht mehr, der andere weniger, um einige Stunden Jagd ohne knurrenden Magen zu überstehen. Die Proportionen des jeweiligen Menschen sagen nur bedingt etwas über seinen Bedarf an Kalorien aus. Als Laie ist man da überfordert. Ich kenne gewichtige Menschen, die Unmengen essen können. Aber ich kenne auch eher schmächtige Bengel, die gewaltige Portionen verdrücken können. Und umgekehrt. Ob für den einen oder anderen die Mehr- oder Mindermenge so in Ordnung ist, mag dahingestellt bleiben.

Stabile und auch Zierliche befinden sich in meinem jagdlichen Bekanntenkreis. Einige von ihnen langen gewaltig hin an der Tafel. Andere wiederum begnügen sich bei ihrer Nahrungszufuhr mit dem durchschnittlichen Kalorienbedarf eines mittelalten Goldhamsters. Und es geht ihnen gut!? Hoffentlich!

Hunger ist sicherlich schlimm. Ich kann das nur vermuten. Bis heute habe ich das Glück gehabt, obwohl kurz nach dem letzten Weltbrand geboren, immer vor einer vollen Schüssel sitzen zu dürfen. Natürlich muss und will ich bei diesen Betrachtungen über mein Umfeld auch meine Person mit einbeziehen. Wer mich kennt und diese Zeilen liest, wird sachte aufwerfen und zu recht denken: „So zierlich bist du ja nun auch nicht, mein Lieber". Stimmt! Als Heranwachsender konnte man mir eine gewisse Gefräßigkeit bescheinigen. Das ist lange her. Bei meiner musterungsärztlich festgestellten Körpergröße von 182 cm – im Laufe der Jahre schrumpft man aus vielerlei Gründen sicherlich, und es ist schon weniger geworden – sowie +/- 90 kg Lebendgewicht sieht man nicht gerade zierlich aus. Ich lege großen Wert auf die Feststellung, keinen „Mollenfriedhof", wie mein Kollege Jürgen aus Berlin einen Bierbauch zu nennen pflegt, mein Eigen zu nennen. Die Pfunde sind gut verteilt, und die gewaltige, schreckeneinflößende Auslage meiner Schultern komplettieren dieses noch. So, nun reichts aber mit der Krückerei!

Tatsache ist, dass ich Ende der sechziger Jahre mit ungefähr 70 kg meinen Dienst bei der Bundeswehr antrat. Also eher etwas klapprig. Bedingt durch einen Schießunfall versetzte mich das gütige Schicksal in das Geschäftszimmer unserer Batterie. Gewaltige Sache. Die ab sofort einsetzenden, morgendlichen Nato-Pause-Pflichtbesuche im Uffz-Keller mit dem Konsum von damals hoch aktuellen Mixgetränken aus Alkohol und viel hochgradig zuckerhaltiger Limonade verhalfen meiner knabenhaften Figur alsbald zu zweimaligen Vorstellungsbesuchen beim Kammerbullen. Im Büro muss man ja akkurat aussehen. Auch als Soldat.

Seit etlichen Jahren habe ich wildbretmäßig nur noch unwesentliche Schwankungen nach oben und unten zu verzeichnen. Ich behaupte einfach mal, dass ich Normalesser bin. Was immer das auch heißen mag. Häufig kann ich mit meinen Tischgenossen beim Schüsseltreiben einfach nicht mithalten. Wer mich kennt, schielt schon mal unverhohlen auf meinen leeren Teller, nachdem ich meinen Teil gepackt habe und teilweise lange vor den anderen fertig mit dem Essen bin. Das ist keine Unhöflichkeit. Es geht einfach nicht mehr rein in den Kerl. Ich freue mich über jeden, der hoffentlich ohne körperlichen Schaden dabei zu nehmen, ordentlich hinlangen kann.

Da gibt es gewaltige Leistungen. Bei manch einem hat man unwillkürlich das Gefühl, dass der arme Kerl vermutlich einen längeren Kerkeraufenthalt kompensieren muss. Mann, oh Mann! Aber, siehe oben. Ich bekomme mit vollem Waidsack Pein. Vor einer Jagd ist das besonders schlimm. Dann kann einem glatt die Lust am Jagen vergällt werden. So etwas muss nicht sein.

Ich habe ein Beispiel zur Hand: Als junger Jäger war ich zur Hasenjagd bei unserem Bauern eingeladen. Tolle Sache. Bevor das sehnsüchtig erwartete erste Treiben jedoch begann, waren wir zum Frühstück geladen. Von wegen Frühstück! Es gab um 9.30 Uhr drei warme Gänge mit allem Drum und Dran. Und immer wieder Kaffee. Bis zum Schluss der üppigen Tafel. Die alterfahrenen Bauernjäger um mich herum spachtelten gewaltig drauf los, und es entstand bei mir allmählich der Eindruck, dass keiner der Herren noch ernsthaft an einer jagdlichen Betätigung an diesem Tage interessiert war. Um den äußerst liebenswürdigen Gastgebern keinen Korb geben zu müssen, nahm ich immer wieder die angebotene Speise und auch den schwarzen Trunk an. So ein junger Jäger muss doch einfach Schmacht haben. Oder? Eben nicht! Ich jedenfalls nicht. Unseren lieben Kleinkindern drängen wir heutzutage ja auch nicht mehr den letzten Happen, der auf dem Teller liegt, auf. Hinfort mit diesen uralten vorgefaßten Verhaltensweisen.

Es kam, wie es kommen musste. Mein Magen war zum Platzen gefüllt, und ich fühlte mich absolut unwohl. Ich bekam kaum meinen Parka zu, und das Letzte „natürlich, gnädige Frau, sehr gern nehme ich noch einen Kaffee, sehr gern" schwappte mir bei jedem Schritt nach oben drängend, wieder in bedrohliche Nähe meiner Molaren.

Das war mir eine Lehre bis zum heutigen Tag. Seltsamerweise habe ich an diesem ansonsten wunderschönen Jagdtag trotz körperlicher und seelischer Einschränkungen noch vier Hasen erlegt. Ich weiß heute noch ganz genau, dass ich beim Schüsseltreiben, argwöhnisch von meinen Nachbarn beobachtet, lediglich ein trockenes Brötchen gegessen habe.

Nach dieser am eigenen Leib peinvoll erfahrenen Begebenheit habe ich gewaltigen Respekt vor der Aufnahmefähigkeit zweier mir bekannter Jägersleut. Beides gestandene, hochgewachsene schlanke Herren. Fett ist auf ihren Rippen nicht zu finden. Während der Geburtstagsfeier bei einem gemeinsamen Freund und Mitjäger gab es unter anderem eine sogenannte „Hochzeitssuppe". Die Zutaten zu dieser herrlich schmeckenden Suppe kann ich leider nicht angeben.

Die aus der Heide stammende Frau unseres Freundes verstand es meisterhaft, diese Suppe herzurichten.

Sie hatte einen Riesentopf der köstlichen Speise zubereitet und sich für den zu vermutenden, verbleibenden Rest bereits Behältnisse zum Einfrieren bereitgestellt. Daraus wurde nichts. Unsere beiden Spezies leerten Teller um Teller. Zum Schluss gar, so meine ich mich zu erinnern, auch den restlichen Topfinhalt. Schwupp, schwupp, nun war es um den geplanten Vorrat geschehen. Diese Suppe war ihnen von der Hausfrau natürlich herzlich gegönnt. Welche Köchin freut sich nicht über solch einen Zuspruch ihrer Kochkunst? Allein die Menge! Grauenvoll! Mir wurde schon beim Zuschauen speiübel, und auch der Rest der Belegschaft staunte ehrfurchtsvoll. Das waren etliche Liter Suppe, die da in den Mägen der beiden ihre vorläufige Ruhestätte gefunden hatten. Anscheinend problemlos? Da muss man doch vermuten, dass den beiden an der Stelle, wo bei normalen Menschen der Magen sitzt, vom lieben Gott ein größeres Behältnis zugedacht wurde. Ich hoffe nur, dass die beiden nicht an jedem Tag solch eine Menge benötigen. Von den dafür notwendigen finanziellen Aufwand könnte man ja glatt eine mittlere Rinder- oder Schweinemast betreiben.

Andere Essgewohnheiten habe ich bei Freunden in Schweden erlebt. Vor, während und natürlich nach der Jagd nahmen sie auf

Die Schweden: Stuhl aufklappen, Rucksack auf und schon ging es los.

ihren Rucksackstuhl Platz und mümmelten erzählenderweise munter drauf los. Habe ich bei uns, zumindest vor einer Drückjagd, so intensiv noch nicht gesehen. Sämtliche Pausen wurden für Inspektionen des Rucksackes genutzt. Egal, ob die Jäger und ihre teilweise weiblichen Begleitungen auf der Erde, auf einem „Turm" oder auf einen riesigen Findling hockten. Stuhl aufklappen, Rucksack auf und schon ging es los. Anscheinend sorglos bezüglich der dabei entstehenden Störung durch Pack- und andere Geräusche wurde auf diese Art jeder Stand eingeweiht. Jedoch, wenn es ernst wurde, konnten die schwedischen Jäger sich sehr schnell auf das Geschehen umstellen und konzentriert jagen. Da trotzdem die Freunde in Schweden bei ihren jagdlichen Aktivitäten vorrangig das Füllen ihrer Kühltruhe im Sinn haben, sind die dortigen Drückjagden im wahrsten Sinne des Wortes „Gesellschaftsjagden". Eben geselliger als bei uns. Vielleicht sehen wir uns einfach zu oft?

Unvergessene Brotzeiten habe ich in Namibia erlebt. Mitten im Dornenbusch mit Frau und Farmer die Köstlichkeiten aus der Kühltasche zu genießen, ist eine tolle Sache. Die unbekümmerten, schlecht äugenden Warzenschweine, und wenn sie denn keinen Wind von uns hatten, kamen bis auf wenige Schritte an unseren Brotzeitplatz heran. Manches Mal stellten wir fasziniert über diesen hautnahen Kontakt das Kauen ein und fingen erst wieder damit

an, wenn ein Warzenschwein plötzlich davonbrechend die tafelnde Gesellschaft bemerkt hatte. Den gleichen nahen Kontakt mit den Antilopen hatten wir nicht. Diese äugen zu gut.

Dass mancher Spaß auch beim Essen zum Bumerang werden kann, habe ich in den Erinnerungen eines ehemals ostdeutschen Forstmannes nachlesen können. Ein Kutscher des Forstamtes hatte auf der morgendlichen Fahrt zum Sammelplatz zwei Jagdgäste hinter seinem Bock sitzen. Er saß auf diesem dick eingemummelt, und aus seiner Manteltasche ragte, verpackt in ein Stück Papier, die Wurst, die ihm zum Mittag seinen Hunger stillen sollte. Diese Gewohnheit von den Vorjahren kennend, hatte bei den beiden eine Idee aufkommen lassen. Ein hartgefrorenes, ordentliches Stück Hundelosung, etwa von der Güte wie ein ausgewachsener Vorstehhund so etwas produziert, und somit vermutlich ähnliche Ausmaße wie die Wurst des Kutschers hatte, wurde ebenfalls papierumhüllt gegen die Wurst ausgetauscht. Der brave Kutscher hatte nichts bemerkt. Die beiden Spaßvögel konnten kaum an sich halten, wenn sie an die Mittagspause dachten.

Nach dem genossenen Eintopf aus dem großen Drückjagd-Suppenkessel zur Mittagspause, stach die beiden Jäger nun endgültig der Hafer. „Na, Kutscher" hub der eine an, „hat denn man auch die Wurst zu Mittag ordentlich geschmeckt?" Erwartungsvoll und dem Platzen nahe sahen beide den Kutscher an. „Tja", erwiderte dieser mit bedepperten Gesicht, „ich habe die Wurst wie jedes Jahr zum Aufwärmen in den Kessel mit der Suppe für die Herren getan, doch als ich sie herausnehmen wollte, war sie nicht mehr da!"

Man kann nun sagen, die beiden Spaßvögel und einige allerdings Unschuldige mehr hatten ihr Fett, sprich Losung, weg. So oder so. Bliebe für penible Typen nur noch zu ergründen, in welchem Umfang man ein Stück Hundelosung der oben genannten Quantität in cirka 20 Liter guten Eintopfes wiederfindet. Kann wohl nicht allzu schlimm sein, was da einwandfrei als solches erkennbar durch die Erbsen schwimmt. Ich glaube, man darf da nicht so empfindlich sein. Dazu neigen wir ja heute sehr schnell. Wenn ich nur daran denke, was die Generation unserer Großeltern noch alles verwertet hat, würde ein Aufzählen dieser Zutaten sich für unsere „Kids" sicher wie die Bestellung einer gut florierenden Imbissbude der letzten Ur-

einwohner am Amazonas anhören. Bedauerlicherweise werfen auch wir Jäger heutzutage viel zu viel in die Abfalltonne. Sicherlich nicht immer aus Unwissenheit bezüglich der Zubereitungsmöglichkeiten auch für scheinbar „unbrauchbare" Teile unseres Wildes.

*

Außer einer besonderen Jagdpassion gehören zur nächtlichen Jagd auf Fuchs und Sau bei etlichen Minusgraden und scharfem Wind die notwendige Ausdauer und eine passende Kleiderordnung. Wie lange man aber der Kälte beim winterlichen Ansitz trotzen kann, hängt in erster Linie von der Bekleidung ab. Ich habe viel darüber gelesen und genauso viel ausprobiert. Begierig habe ich die Empfehlungen in Ehren ergrauter Jäger sowie die aus Jagdzeitschriften und Büchern aufgenommen und teilweise nachvollzogen. Manches war gut, einiges weniger berauschend, und meistens kehrte ich reuevoll zum eigenen Standard zurück.

Doch spielen auch weitere Rahmenbedingungen wichtige Rollen: Luftfeuchtigkeit, die eigene körperliche Verfassung und Stimmung, die Ansitzeinrichtung usw. So kann die Lust schon dem Frust weichen, wenn geschlagene drei Stunden absolut nichts passiert und der eisige Wind einem das Wasser in die Augen treibt.

Was die Ausrüstung betrifft, so werden die Jagdausstatter nicht müde, uns alljährlich – erstmals schon im Hochsommer – das Neueste in Sache Kälteschutz anzubieten. Die Hersteller sind da sehr rührig und erfindungsreich: Unterwäsche, Unter- und Overalls, Nierenschützer, Sitzkissen, Jacken, Hosen, Pullover, Mäntel, Mützen, Hüte, Kappen, Ansitzsäcke, Pulswärmer, Stiefel und heizbare Socken, Handschuhe, Taschenöfen sowie größere Heizgeräte für die „Kanzeln der Luxusklasse" und allerhand mehr für den winterlichen Ansitz gibt es in großer Auswahl. Deutlich kleiner wird die Auswahl für die meisten von uns schon beim Blick in die Brieftasche. Was gut ist und eisiger Kälte tatsächlich eine zeitlang standhält, hat in der Regel seinen Preis. Doch muss man selbst Erfahrungen sammeln und ausprobieren.

Die Kunst ist es aber, sich warm anzuziehen und trotzdem beweglich zu bleiben. Ein kluger Kopf hat diese Funktion passender Weise einmal als „Zwiebelschalenprinzip" bezeichnet: Mehrere dünne Kleidungsstücke übereinander, die warm halten und trotzdem eine ausreichende Bewegungsfreiheit gewährleisten. Zwei dünnere Pullover sind im Zweifel also günstiger als ein dickeres Exemplar. Aber auch hier ist ein eigenes längeres Erproben der verschiedenen Möglichkeiten bis zum vermeintlichen Optimum unumgänglich.

Mit guten Textilien in der individuell passenden Zusammenstellung kann man einen Winteransitz ungleich länger, bequemer und angenehmer gestalten. Keine Frage. Doch soll es hier einmal nicht um Material, Stoffe usw. gehen, sondern ums Prinzip und die eigene Gesundheit.

Wenn ich bedenke, in welch luftiger Kleidung ich vor fast drei Jahrzehnten auf Reineke gepasst habe, bekomme ich selbst im warmen Arbeitszimmer noch Kälteschauer und Schüttelfrost. Dicke Unterwäsche war o.k., Lederhose, Gummistiefel, Pullover, Parka – Feierabend. Handschuhe standen erst ab etwa Minus 15 Grad zur Disposition. Warum nur? Eine Reihe von Jahren habe ich das ausgehalten. Heute geht's nicht mehr. Und die Rechnung präsentiert sich in Form vieler kleiner Zipperlein.

Man muss einfach rechtzeitig Schluss machen können! Unbedingt – bevor einem der Rauhreif zum Kragen reinkriecht. In jungen Jahren habe ich das nicht so eng gesehen und auch dann noch gesessen, wenn von den Füßen bis zum Spiegel alles erstarrt war und sich zu dem darüber befindlichen Teil des Körpers nicht mehr zugehörig fühlte. Welch ein Irrsinn!

Nach fünf Stunden bei etwa Minus 15 Grad – ohne jegliche Wärmequelle – ist eine sichere Schussabgabe ohnehin nicht mehr möglich. Nicht nur, dass beim Anblick des plötzlich doch noch auftauchenden Stück Wildes unsere Zähne die Schlagzahl deutlich erhöhen, nein, auch die Finger, der Tasche jäh entrissen, sind in den Sekunden des krampfhaften Anschlagversuches nicht funktionstüchtig. Und das war's dann: Fünf Stunden gesessen und nun unfähig, einen sicheren Schuss anzubringen.

Also abbauen, ab nach Haus! Doch leichter gesagt als getan. Wer es erlebt hat, weiß, was jetzt kommt. Sowie der Körper nach stundenlanger gekrümmter „Kälte-Starre" in aufrechte Position kommt, geht das Schlottern erst richtig los. Es gibt kein besseres Wort dafür: Schlottern! Alles schlottert. Zum Stakkato der Zähne und Gliedmaßen tränen die Augen und Tropfen für Tropfen bildet auf dem ohnehin vereisten Bart zauberhafte Figuren – wie beim silvesterlichen Bleigießen. Die Füße tun so, als gehörten sie nicht mehr in den Einflussbereich der höher gelegenen Befehlszentrale, und nur mit viel Mühe gelingt es, die Waffe zu umklammern.

Wie ein Roboter steigt man unsicher die frostknarrende Leiter herab und geht ebenso ferngesteuert zum Auto. Die Pkw-Heizung hilft auf dem kurzen Heimweg nur unwesentlich, das Temperatur-Defizit auszugleichen. Endlich zu Hause angelangt, kann man dies scheinbar zügiger, zum Beispiel mit einem strammen Grog oder

Jagertee ausgleichen. Vorausgesetzt, man muss am nächsten Tag nicht allzu früh aus den Federn.

Wenn aber nach dem Einschliefen in diese Federn die liebe Frau ob des plötzlichen Kälteschocks senkrecht neben ihrem Lager steht – erst dann merken wir, dass der Grog – zumindest vorläufig – nur für die Innentemperatur zuständig ist und unsere äußere Kälte durch nunmehr einsetzende Zitterintervalle im Bett gemindert werden soll. Und auch dadurch macht man sich im gemeinschaftlichen Nachtlager nicht eben beliebt.

Man muss wirklich früh genug aufhören können, und wenn die Nacht auch noch so schön ist. Es hat Jahre gedauert, bis ich mein Maß gefunden habe. Hoffe ich. Und wenn es bei zwar gutem Licht extrem kalt und noch dazu windig ist, brauche ich mich heutzutage gar nicht lange zu überreden, doch lieber das eine oder andere im Haus zu erledigen.

Allein der „gute Mond", der manchmal durch das Fenster lugt, provoziert an solchen Abenden dann doch ab und zu noch einen Bruch der Prinzipien. Der lästige Papierkram wird zur Seite geschoben und Stück für Stück der notwendigen Ausrüstung herbei gekramt.

„Willst du bei der Kälte doch noch raus?" Die liebe und stets besorgte Frau merkt, was läuft. „Nur kurz an die Feldkante." Schon klar. Da ja bewusst nur ein kurzer Ausflug vorgeschoben wird, muss die Bekleidung natürlich auch nicht so üppig ausfallen. Und das rächt sich – regelmäßig. Und wieder geht's auf die Knochen.

Machen wir uns nichts vor. Hockt man erst auf der Leiter und stellt fasziniert fest, welch „saugutes" Licht doch herrscht und auch der Wind gar nicht so arg ist, hat man schon verspielt. Gut, der Unterall ist nicht am Mann und auch die Faserpelzsocken liegen zu Hause. Aber anderthalb oder zwei Stunden wird's schon gehen. Diese Gedanken stellen die erste Dosis fiktiver Beruhigungspillen dar. Natürlich kommt nichts des Weges daher, was unseren jagdlichen Ambitionen Rechnung tragen könnte – absolut nichts. Aber ansonsten ist es doch herrlich, toll gerade zu. Das war Teil zwei der Dosis.

Völlig nebensächlich, dass die Füße schon nach kürzester Zeit bis zu den Knien kalt sind. Auch ist es nicht dramatisch, dass die

Taschenöfen fehlen. Nein! Und die Baschlikmütze tut's heute ausnahmsweise auch anstelle der Pelzmütze. Jawohl! Das war dann der Rest des Pillenröhrchens. Mann, oh Mann!

Zum Glück verfüge ich natürlicherweise über einen zwar ergrauten, aber dichten Skalp. Und da ich noch immer einen durchschnittlichen „Mitte 60iger-Schnitt" bevorzuge, kriege ich nur selten kalte Ohren. Viele meiner Altersgenossen leiden aber schon unter einer immens lückigen Haupteszier. Für sie wird es bei Frost und mangelnder Kopfbedeckung sehr unangenehm. Kalte Platte. Aber was tut man nicht alles, um seinen in diesem Fall völlig deplazierten Ehrgeiz zu füttern.

Ich muss zugeben, dass ich selbst noch ab und zu viel zu lange und mit mangelhafter Kleidung im Winter ansitze. Hinterher beschwöre ich dann das absolute Finale solcher gesundheitsschädigenden Aktionen. Bislang jedoch hat der Schwur noch keinen Bestand erfahren. Vielleicht gehört es einfach dazu, ab und an einmal zu testen, was man noch vertragen kann. Oder?! Das war dann die Reservepille. Doch muss das wirklich sein? Nein. Also – ab nach Haus!

Den meisten nichtjagenden Mitmenschen kann ich mit den Erzählungen über meine winterlichen Nachtausflüge nur einen sachten Fingerzeig in Richtung Stirn entlocken. Einige interessiert es aber doch. Nachdem man aber ihren Wissensdurst gestillt hat, bleibt nunmehr ein weitaus kleinerer Kreis derer übrig, die sich für einen solchen Ansitz wirklich interessieren. Von den meist jungen Leuten waren es nur wenige, die Nachschlag verlangten. Und der eine oder andere ist später auch Jäger geworden. Es ist bis heute keine Handvoll.

Die anderen sitzen bei Glühwein und Chips am warmen Ofen. Und das ist auch in Ordnung. Man darf niemanden zu seinem Glück zwingen. Freuen wir uns darüber, unserer Passion auch in kalten, hellen Nächten nachgehen zu dürfen, mit dem nur Jägern eigenem Empfinden für solches Erleben, und (viel wichtiger!) mit geeigneter Ausrüstung und der Vernunft, bei Zeiten abzubrechen.

*

Dass nicht nur der zweibeinige Jäger auf seine Gesundheit achten muss, sondern auch sein vierbeiniger Kumpel, dürfte jedem einleuchten. Ist der Zweibeiner krank, ist das schon schlimm, doch erwischt es unseren treuen Gefährten, so ist sicher bei der ganzen Familie nicht weniger Sorge um das Wohlbefinden des Jagdhundes angesagt. Das trotzdem unsere Hunde häufig extreme Leistungen erbringen, auch wenn sie das ein oder andere Zipperlein haben, hat schon jeder aktive Hundeführer erlebt.

Pass auf – Dachs! Doch die Warnung kam zu spät. Meine Terrierhündin war schon in der Röhre verschwunden, bevor ich auf den Zuruf meines Freundes, in dessen Pirschbezirk wir jagten, reagieren konnte. Wir hatten diverse Fuchsbaue revidiert. Leider ohne Erfolg. Die Hündin hatte lediglich an einem Bau Interesse gezeigt, kam jedoch nach kurzer Zeit wieder an das Tageslicht. Nun wollten wir eigentlich nach Hause fahren, und in Gedanken versunken hatte mein Mitjäger beim Marsch zum Auto den nahen Dachsbau vergessen.

Vorbei war es mit der Vorfreude auf die warme Stube. Nun könnte es bei diesem nasskalten Wetter ungemütlich werden. Komisch genug, dass Reineke bei dem Sauwetter nicht zu Hause war. Ich legte mich lang auf den Boden, um in der Röhre Laute zu erhaschen. Nichts! „Der Bau ist ziemlich tief und groß, da braucht die Kleine einen Moment, bis sie Grimbart an der Schwarte sitzt. Sie ist noch jung und kennt den Dachs nicht!"

Mein Freund hatte Recht. Sie bekam Senge vom Schmalzmann, das war uns beiden klar. Allerdings sprach es keiner aus. Die Hündin hatte Schneid, und die manchmal leicht zu überrumpelnden Füchse hatten ihr Selbstvertrauen gegeben. Mann, oh Mann! Jetzt hörte ich ein tiefes Gurgeln. Weit weg. Nun ein scharrendes Geräusch, das vorläufig nicht zu identifizieren war. Wieder dieses Gurgeln. Konnte das der Dachs sein? Jetzt gab die Hündin Laut. Giftig und böse. Ein Jammer, dass man dem jungen Hund nicht helfen konnte. Ich bekam Angst um die Hündin.

Plötzlich war es wieder ruhig. Und das blieb es auch. Eine elend lange Stunde Ruhe. „Wer weiß, wo Dachs und Hund in diesem Riesenbau stecken; das kann dauern und das Graben können wir vergessen", grummelte der Freund. „Da musst du mit schwerem Gerät anrücken." Diese Aussage trug nicht gerade zu meiner Aufmunterung bei. Wiederum lauschte ich angestrengt in die Röhre, weil ich etwas gehört hatte. Da war recht nah ein Rauschen zu hören. Plötzlich klagte die Hündin anhaltend. Es lief mir eiskalt den Rücken hinunter.

„Der macht meinen Hund kaputt, können wir denn gar nichts machen?" blaffte ich den Freund an. Kopfschütteln. Er griff die Flinte fester. „Der Dachs hat jetzt Schonzeit", kam es leise. Wiederum beängstigende Stille. Nach weiteren zwei Stunden quälender Untätigkeit hörten wir die Hündin ganz leise, ganz weit weg, Laut geben. Sie lebte noch! Gott sei Dank! Wieder Ruhe. Nach einer weiteren Stunde des Ausharrens kam ein schleifendes Geräusch der Ausfahrt immer näher, wurde immer lauter. Da erschien der Kopf der Hündin und schnell hatte ich sie auf dem Arm. Die Kleine war total fertig und sah furchtbar aus.

Aus einer Wunde auf dem Nasenrücken schweißte es. Das rechte Gehör war mehrfach zerrissen. An Hals und Brust und auch an den Vorderläufen war alles rot. Ein Riß im Unterbauch zeigte das Fettgewebe und am linken Hinterlauf konnte ich durch Schweiß und Haar zwei nur noch baumelnde Krallen feststellen. Donnerwetter, was hatte die Kleine Schläge bekommen. Ab zum Tierarzt. Die Hündin rollte sich sofort auf den Rücksitz des Wagens ein und verströmte binnen kurzer Zeit Schmalzmanns Parfüm. Ich gab Gas.

Der Tierarzt hatte einiges zu tun. Es musste gesäubert, desinfiziert, geschnitten und genäht werden, um Dixi einigermaßen wieder herzustellen. Ganz im Gegensatz zu ihrer sonstigen Quirligkeit beim Tierarzt, ließ sie die gesamte Behandlung in absoluter Ruhe über sich ergehen und muckte auch bei den Spritzen nicht auf. Im Auto schlief sie sofort wieder ein. Zu Haus angekommen, musste ich sie zu ihrem Korb tragen. Dort verbrachte sie die nächsten Stunden. Ich war froh, dass die Aktion dieses Mal relativ glimpflich verlaufen ist.

Wird der Hündin diese Begegnung aber eine Lehre sein? Ich bin voller Hoffnung, dass sie den Dachs zukünftig in Ruhe lässt. So ganz sicher bin ich mir bei der Passion unserer Terrier allerdings nicht. Und ich sollte Recht behalten. Dixi, im dritten Behang stehend, wurde von einem Dachs tödlich geschlagen.

Dass Wild uns auch ohne körperlichen Kontakt Pein bereiten kann, hat sicher ein jeder von uns schon einmal erlebt. Und wenn es nur beim Anpirschen eines Stück Rehwildes ist, durch das minutenlange Verharren in einer unmöglichen Körperhaltung.

Heute sollte es auf einen Springbock gehen. Erwin hatte auf der Konzessionsfarm mit dem schwarzen Vorarbeiter die zu vermutenden Einstände der Springböcke ausbaldowert. Dieser Bengel mit dem schönen Namen Domingo wusste um sein Wild Bescheid. Die beiden schnackten flott auf africaans, und da ich von Hause aus mit Plattdeutsch gut zu Fuß bin, freue ich mich jedesmal, wenn ich bei einer Unterhaltung, die auf africaans geführt wird, das eine oder andere mitbekomme.

Wir klapperten erst einmal die Pads ab und sahen eine Menge Springböcke und natürlich auch anderes Wild. Es war kein Bock dabei, der unseren Beuteeifer angekurbelt hätte. Auf geht's. Pirschen ist angesagt. Wir kamen nach einiger Zeit an ein großes Rudel der bunten Gesellen dicht heran. Und hier stand ein Bock, der es Wert war, dass man sich um ihn bemühte. Aber, immer wenn wir einigermaßen dran waren, stand er nicht frei. Dann ging die Post ab. Der Wind hatte uns einen Streich gespielt.

Weiter ging es durch den Dornenbusch. Jedoch alle weiteren Versuche, wiederum an das Rudel heranzukommen, scheiterten. Mittlerweile war es Mittagszeit, und die Sonne setzte uns ordentlich zu. „Wir setzen uns jetzt an", schlug Erwin vor, „ich habe da einen kleinen Schirm gebaut." Gesagt, getan. Bei der herrschenden Hitze war ein Ansitz zur Abwechslung nicht das schlechteste.

Auf unseren Stühlchen hockten wir hinter dem aus Trockenholz errichteten Schirm. Vorläufig jedoch kamen nur Warzenschweine zu einer alten Rindertränke, die ungefähr einhundert Meter halbrechts vor uns stand. Oryx kamen, und auch Kudus zogen zum Wasser. Zwei dieser Herren zwangen uns anschließend, die Haltung von Schaufensterpuppen anzunehmen. Absolute Körperstarre war angesagt. Mach das mal mit, mit gekreuzten Beinen auf einen Ministuhl hockend. Da stirbt so ziemlich alles ab. Als erstes war es ein älterer Kudu-Bulle, der, nachdem er geschöpft hatte, links an unserem Schirm vorbeizog und uns sofort mithatte. Jetzt schreckt er, so dachte ich unter meinem Mützenschirm hervorschielend. Pustekuchen.

Der Bulle stand sicher dreißig Minuten wie hingemeißelt. Der machte das besser als wir, und ich kann mir nicht vorstellen, dass er dabei ähnliche körperliche Pein wie wir in unserer Zwangshaltung verspürte. Da hockten wir, bei etwas über dreißig Grad, und diverse Moskitos nutzten unsere Kudu-mäßig verordnete Starre, um sich eingehend mit unseren nicht bedeckten Hautpartien zu befassen. Tolle Sache.

Wir pumpten alle ordentlich Sauerstoff, als unser Bewacher sich endlich bequemte, stolz wie es nur ein Kudu kann, sich wieder auf Pad zu machen. Doch es dauerte nicht lange, und er schickte uns seinen Sohn zur Ablösung. Der wollte zum Wasser. Das gleiche Drama begann. Mit den gleichen Symptomen, nur seitenverkehrt. Als das vorbei war, hatte ich das Bedürfnis, da niedrig sitzend, meine über Kreuz gehaltenen, vermutlich abgestorbenen Beine wieder zum Leben zu erwecken. Den anderen ging es nicht besser.

Doch nun, sieh da, Erwin tickte mich an und zeigte nach vorn. Da zog ein Springbock auf ca. 200 Meter spitz auf uns zu. Glas an den Kopf. „Der ist gut, wenn er breit steht, sieh zu, dass du ihn kriegst", flüsterte Erwin. Ich hatte den Bock im Glas, spitz von vorn. Er verhoffte. Meine Haxen waren dabei, der schnöden Welt adieu zu sagen. So kam es mir jedenfalls vor. Da kommt Freude auf. Da stand der Bock und rührte sich nicht. Das hatten wir doch schon einmal?

Ein Warzenschwein-Frischling trollte rechts von unserem Schirm zur Tränke. Aber, das registrierte ich mit einem Auge, er gelangte nicht an das Wasser. Die Rindertränke war zu hoch für den kleinen Wutz. So sehr er sich auch streckte, es klappte nicht. Fast hätte ich darüber den Springbock vergessen. Doch der rührte sich immer noch nicht. Was jetzt kam, könnte man für Jägerlatein halten, ist aber durch drei Augenzeugen belegt. Eine Bache, vielleicht war es die Mutter des Frischlings, legte sich lang vor die Tränke auf die Seite und... der Wutz erklomm den gehaltenen Steigbügel und schöpfte ausgiebig. So etwas hatten wir noch nicht gesehen. Da soll noch mal einer von blöden Schweinen reden.

Erwin flüsterte: „Der Springbock." Fast hätte ich nicht mitbekommen, dass der Bock nunmehr auf hundert Meter heran war und plötzlich breit nach links zog. Ich war drauf mit dem Absehen. Er verhoffte vorläufig nicht. Au Backe, gleich ist er im Busch. Erwin rief ihn an. Er zog weiter. Ich ging mit dem Zielstachel auf das Blatt und raus war die Kugel. Der Bock quittierte die Kugel, tat eine kurze Flucht und war nach kurzer Zeit verendet.

Als wir am Bock ankamen, war der Prunk voll geöffnet. Ein Phänomen bei den Springböcken. Im Verenden richten sie für kurze Zeit dieses weithin sichtbare in einer Hautfalte im Rücken liegende Haarteil auf. Man muss, ob man will oder nicht, in Ruhe verharren, um diese Sonderheit, dieses Spiel der Natur, aufzunehmen. Wie von Geisterhand schließt sich dann, nachdem das Haar wieder flach liegt, die Hautfalte. Aus, vorbei! Wie ein letzter Gruß an die Artgenossen. Ich musste mich regelrecht losreißen von diesem Anblick. Jetzt war auch die Körperpein der letzten Stunden vergessen.

*

Pietie hatte spätabends bei gutem Schneelicht einen jungen Keiler beschossen. Nachdem ich abgebaut hatte und die kurze Fahrt zu seiner Kanzel beendet war, gingen wir zum Anschuss. „Er hat im Schuss gemuckt und ist langsam weitergezogen, er muss liegen." So Pietie's Worte. Am Anschuss konnten wir neben tiefen Eingriffen eine Menge Schweiß und einige kurze Borsten finden. Wildbretschweiß! „Den hast du tief erwischt, wahrscheinlich am Brustkern. Das würde auch die kurzen Borsten erklären."

Wir folgten der im Schnee gut sichtbaren Rotfährte noch bis in ein angrenzendes Altholz. Dann hatte das Stück ein aufgelassenes Kulturgatter angenommen. Schluss für heute! Der Schütze spielte die Situation immer wieder durch. „Er muss liegen", war seine feste Meinung. Wir leuchteten vom Anschuss mit unseren Taschenlampen die zu vermutende Flugbahn des Geschosses vom Hochsitz aus. Holz! Was Pietie nicht gesehen hatte, waren die tiefhängenden Äste einer unterständigen Buche. Einer dieser Zweige hatte das Geschoss touchiert und somit den Tiefschuß produziert.

Elend, Elend, das wird eine unruhige Nacht für den Schützen. Früh am nächsten Morgen kam Frank, unser Revierleiter, mit seinem Waimaraner-Rüden Falko zur Nachsuche. Falko war durch eine böse Nierenerkrankung nicht im Vollbesitz seiner Kräfte. Der großrahmige, stabile Rüde machte einen jämmerlichen Eindruck und ich hoffte, dass er die Suche bei seinem Gesundheitszustand schaffen würde. Es ist schlimm, wenn man einen Hund leiden sehen muss.

Wir besahen uns den Anschuss, und auch der Förster war dann der Auffassung, dass das Stück die Kugel tief haben musste. „Zur Fährte, Falko!" Die Nachsuche begann. „Wenn das Stück nur einen Streifschuss hat, werden wir es nicht bekommen", sagte Frank, „aber bislang hat es ja ordentlich geschweißt." Die Rotfährte ging durch das aufgelassene Gatter und verlief in ein Stangenholz. Hier markierte Falko das erste Tropfbett. Danach hatte das Stück einen Wechsel angenommen. Kurz danach stand Falko vor dem zweiten Tropfbett. Das Stück schweißte enorm, und unsere Hoffnung stieg.

Zügig ging es auf der noch gut sichtbaren Schweißfährte weiter. Falko stand. Hier hatte das Stück im Wundbett gelegen. Wiederum viel Schweiß im Wundbett. „Passt auf, vielleicht kommen wir gleich an das Stück", warnte Frank. Jedoch, wir standen bald vor einem weiteren Wundbett mit viel Schweiß. Das Stück hatte den Wechsel verlassen und war über einen Höhenweg gezogen, dem sich raumes Buchenaltholz anschloss. Und hier wurde der Schweiß deutlich weniger.

Nachdem wir mehrere Brombeerinseln gequert hatten, die dem Stück eigentlich optimale Deckung geboten hätten, standen wir am Rande des Buchenaltholzes. Diesem folgte ein vierzigjähriger Fichtenbestand, in dem noch etliche trockene Zöpfe von der letzten Fällaktion lagen. Ich hielt mich genau auf der Bestockungslinie

Buche/Fichte, um das eventuell flüchtig werdende Stück beschießen zu können.

Die restliche Korona nahm wiederum die Fährte an. „Hier ist überhaupt kein Schweiß mehr!" kam es bald vom Förster. Der Rüde jedoch lag gut im Riemen. Nach weiteren zwanzig Metern stand Falko vor einem Zopf. „Braver Hund, so ist's recht, brav Falko!" hörte ich Frank sagen. Mir plumpste der berühmte Felsen vom Herz.

Der Keiler hatte sich, nachdem er vermutlich durch das anfänglich starke Schweißen sehr schwach geworden war, in den alten Fichtenzopf eingeschoben und war verendet. Ein dickes Waidmannsheil bekam das Nachsuchengespann von mir, und ein ebenso dickes wünschte ich dem nun wieder glücklich strahlendem Pietie. Der Bengel war reineweg happy. So ist's recht.

Nachdem Falko noch einige Minuten von seinem Besitzrecht Gebrauch gemacht hatte, konnten wir den Keiler genauer untersuchen. Er war noch warm, also unlängst verendet. Die Kugel hatte das Stück tief, genau an der Stelle getroffen, wo das Zwerchfell die Trennung zwischen Geräusch und Gescheide bildet. Ein Stück des Zwerchfelles war beschädigt. Somit war die Kammer geöffnet, hatte zu dem starken Schweißen geführt und letztendlich das Stück verenden lassen.

Das war Falko's letzte Nachsuche. Kurze Zeit nach dieser so glücklich verlaufenen Aktion musste der Rüde aufgrund der bösen Krankheit, die ihn nicht mehr losließ, eingeschläfert werden. Es ist schlimm, wenn man einen Hund verliert. Was sind wir ohne unsere Hunde?

*

Haut-goût

Die Fachliteratur sagt über diesen Begriff folgendes: Der etwas scharfe eigentümliche Geruch und Geschmack, den länger liegendes Wildbret annimmt. Die Wege bis zur Küche, vor allem Hotelküche, waren früher sehr lang, daher gab es kaum Wildbret ohne haut-goût, heute als „anrüchig" abgelehnt.

Mag sein. Ich habe bislang eine ganze Menge Menschen kennengelernt, die vermutlich nie anderes Wildbret als das mit den eben beschriebenen Merkmalen inhaliert haben. Gibt es auch heute noch. Wetten?! Das Drum und Dran, was die Wildbrethygiene anbelangt, wird in den Vorbereitungskursen zur Jägerprüfung behandelt. Erfreulicherweise hat sich der Umfang des Unterrichtes zu diesem Fach in den letzten Jahren schon zwangsläufig durch schärfere Gesetze nach oben bewegt. Es gibt zwar hervorragende Lektüre zu diesem Thema, aber nichts kann durch die Praxis ersetzt werden.

Wildbrethygiene beginnt im Grunde genommen schon vor dem Schuss. Man muss sich darum bemühen. Bei Wild, das erkennbar andere Verhaltensregeln an den Tag legt bzw. äußerlich offensichtliche Verletzungen oder Behinderungen aufweist, ist eine Untersuchung zwingend erforderlich, wenn es dem menschlichen Genuß zugeführt werden soll. Und das hoffentlich nicht nur, weil geltendes Recht es verlangt.

Auch muss man beim Aufbrechen des Schalenwildes von Anfang an seine Augen schulen, um mögliche Gründe einer Qualitätsminderung des Wildbrets erkennen zu können. Die sich daraus ergebenen Konsequenzen schreibt uns der Gesetzgeber klar vor, und wir haben tunlichst danach zu handeln.

Das war nicht immer so. Es ist noch gar nicht so lange her, da wurde das mit der notwendigen Sorgfalt im Umgang mit diesem hochwertigen Lebensmittel nicht gar so eng gesehen.

Das simpelste Beispiel aus meiner Kinderzeit ist die Unsitte des Abhängens oder Reifenlassens der auf den winterlichen Feldjagden erlegten Mümmelmänner. Der Hase wurde unausgeweidet und ungeachtet der Beeinträchtigung des Wildbretes durch die Schrotgarbe, die seinem Leben ein Ende gesetzt hatte, zum Beispiel an einen Nagel an die Giebelwand des Hauses gehängt. Katzen und Hunde kamen trotz intensiver Bemühungen vorläufig nicht an den langsam vor sich hingammelnden Löffelmann heran. Damit war aber denn schon ausreichend Sorge getragen bezüglich der weiteren Verwendung des potentiellen Gaumengenusses.

Wildbrethygiene beginnt schon vor dem Strecke legen.

Nun ist es ja im kalendermäßigen Winter in unseren Breiten nicht immer unbedingt kalt. Und bei Temperaturen über dem Gefrierpunkt konnte der Hase lustig vor sich „dahinreifen". Tolle Sache dies! Hund und Katze lauerten nun sehnsüchtig auf den Tag, an dem Meister Lampe an Körperlänge dermaßen zugenommen hatte, dass er für sie erreichbar wurde. Kälte setzte ihm nicht so arg zu. Gestunken hat er trotzdem, wenn er nach etlichen Tagen endlich der Küche zugeführt werden sollte. Ich kann mich noch gut dieses Aromas entsinnen. Für die Erwachsenennasen war das damals anscheinend normal? Jedenfalls habe ich niemanden gesehen, der damals die Nase gerümpft hätte. Das muss so sein, hieß es!

Das als haut-goût bezeichnete Geschmacks- und auch Geruchsinferno war offenbar das Besondere. Vielleicht haben unsere Eltern und Großeltern aber auch diesbezüglich noch unempfindlichere Sinnes- und auch Verdauungsorgane gehabt? Mein kindlicher Geruchssinn setzte jedenfalls schlagartig ernsthafte Würgeintervalle frei. Trotzdem habe ich immer gern Hasen gegessen und tue es noch. Aber heute behandle ich meinen zukünftigen Sonntagsbraten ja auch ganz anders.

Mein damaliger Chef erzählte mir, sein Vorgänger im Amt habe Hasen erst dann als bratenrelevant befunden, wenn diese von selbst die Kellertreppe wieder heraufkämen! Mal was ganz anderes als besagte Giebelhasen. Alles Geschmackssache? Nicht nur, aber wer unbedingt Aas essen möchte – bitte schön.

Mir wurde ferner beigebracht, niemals Wasser an Wild zu bringen, um beispielsweise eventuelle Verunreinigungen damit zu entfernen. Ob das trotz seinerzeit fehlender Kühlmöglichkeit berechtigt war, mag dahingestellt sein. Aber die Inhaltsreste von Magen und Darm mit Papier oder Gras in die Filets zu reiben, kann auch nicht das Wahre gewesen sein.

Bei der Kühltechnik, die uns heute zur Verfügung steht und die uns der Gesetzgeber ja auch vorschreibt, ist es ganz normal, mit Wasser zu arbeiten. Besonders bei Waidwundschüssen ist sorgfältige Behandlung mit Wasser unabdingbar, schon um nachher beim Essen des Bratens nicht dauernd das Gefühl zu haben, frische Losung auf der Gabel zu balancieren.

Ich musste „da einmal durch" und habe das nur mit Hilfe von viel Rotwein überstanden. Sogar eine Zigarre habe ich geraucht, obgleich ich mich eigentlich in einer nikotinfreien Phase befand. Weder Rotwein noch Zigarre haben geholfen. Zwei Tage habe ich von diesem nach Losung schmeckenden Braten „aufstoßen" müssen. So etwas prägt!

Ich hatte das verunfallte Stück, ein äußerlich nur leicht verletzter Rehbock, selbst einem Bekannten gebracht. Der Bock wurde vorher von einem Jungjäger aufgebrochen. Er hatte mich gebeten, ihn bei Gelegenheit doch einmal ein Stück Schalenwild aufbrechen zu lassen, da bislang die Möglichkeit hierzu fehlte. Kein Problem. Einmal ist in allen Dingen das erste Mal, dachte ich.

Es war Sommer und richtig schön warm. Der Bock hatte zwar nur kurze Zeit im Graben gelegen, der Wildkörper war trotzdem bedrohlich aufgebläht. Der Jungjäger tat mir leid, denn die Geräusche, die im Inneren des armen Bockes bei dessen Bergung zu hören waren, ließen auf nichts Gutes schließen. Aber der junge Jägersmann wollte es so. Die Streifenbeamten grinsten, als sie sich verabschiedeten und uns alles Gute wünschten. Da kann man ja fast vermuten, dass da ein Jäger dabei war. Tapfer ging der Jungjäger ans Werk.

Die mit leichtem Rauschen entweichenden Gase beim Aufschärfen der Bauchdecke schickten reichlich hellgrünen Panseninhalt in Richtung des bedauernswerten Jungjägers. Das ist nicht angenehm. Durch die grünen Spritzer in seinem Gesicht konnte man seinen ansonsten eher blassen Teint ausmachen. Zwischen meinen unter Aufbietung aller Willenskraft unterdrückten Schreikrämpfen musste ich ihm eine Zigarette zwischen die Lippen stecken und anzünden. Das hat wohl geholfen. Er hat es gepackt.

Der beim Unfall geplatzte Pansen hatte fast seinen gesamten Inhalt im Inneren der Bauchhöhle verteilt. Dies konnte vor Ort nur notdürftig von uns gereinigt werden. Meinem Bekannten, dem ich unverzüglich den Bock anlieferte, sagte ich, dass der Rehbock nur noch hundefuttertauglich sei. Er beharrte aber auf dem Wildbret. Er quatschte von irgendeinem Spezialrezept. Dafür wäre das eine oder andere Stück bestimmt noch zu verwenden. Ich widersprach dem passionierten Hobbykoch nicht.

Auch mein alter Bekannter Johann hätte da sicher noch etwas daraus gezaubert. Er hatte allerdings von Hause aus besondere Rezepte bezüglich der Wildzubereitung. Wie bereits erwähnt, gab es seinerzeit in vielen Haushalten recht individuelle Auffassungen vom Zustand eines Wildbratens und wie dieser zu schmecken hatte. Halt Dich fest, Jägersmann. Meistens waren für Außenstehende die Braten, die Johann mit einem Teil seiner Familie inhalieren wollte, geschmacklich nicht jedermanns Sache, nachdem er das Wildbret eine Zeitlang durch einen nur ihm bekannten Reifeprozess lanciert hatte.

Selbst seine alten Waldarbeiterkollegen, die von Hause aus auch nicht mäkelig waren und diesbezüglich sicherlich schon einiges erlebt hatten, zogen die Lefzen hoch, wenn sie mir von Johanns Wildbretzubereitungen erzählten. Seine älteste Tochter, meine damalige Vermieterin, teilte übrigens die Vorliebe ihres Vaters bezüglich der Wildzubereitung nicht. Sie bat mich ab und zu, ihr separat etwas Wildbret mitzubringen, um sich einen leckeren Braten nach eigenem Rezept zuzubereiten. Diesem Wunsch bin ich natürlich gern nachgekommen. Auch erzählte sie mir einmal, hätte sie unlängst Schreikrämpfe bekommen, als der Vater die Art der Zubereitung und des Geschmackes seiner Braten als das „Haut gut hin" bezeichnet hat. Saugut, oder? Da reißt's dich doch vom Schemel, gell?

Ich sollte den oben erwähnten verunfallten Rehbock noch einmal wiedersehen. Wochen später wurde ich von dem Hobbykoch zum Essen eingeladen. Mit einem Wildbraten hatte ich gar nicht gerechnet. Just hatte ich die gastliche Stätte betreten, als mir der leicht nach Panseninhalt stinkende Bratengeruch schlagartig die Vorfreude auf ein gutes Essen nahm. Im Geist sah ich den aufbrechenden Jungjäger und bin sicher, ihn beim Grinsen erwischt zu haben.

Im Jagdschloss Springe hing oder hängt noch ein bezauberndes Bild unserer entfernteren Vorfahren. Auf dem wird einem erlegten Mammut gerade der Magen (oder heißt es Pansen?) geöffnet, und man kann unseren Urzeitjäger dabei beobachten, wie sie mit verzücktem Gesichtsausdruck den warmen Äsungsbrei zu sich nehmen. Alles zu seiner Zeit.

Wie bereits erwähnt, überstand ich diese gut gemeinte Einladung unter Mithilfe von Rotwein und Tabak. Es soll heute noch Leute geben, die ohne Skrupel in der Brunft bzw. Rauschzeit erlegte Hirsche und Keiler verkaufen. Vielleicht gibt es ja einen speziellen Kundenkreis für solche Besonderheiten noch immer, oder?

Diese über Jahrhunderte von der Jägerei sorgfältig herangezogene Spezies, die selbstverständlich wie in Urzeiten immun gegen, für heutiges Empfinden, üblen Geruch und Geschmack sind, empfinden beim Gabeln dieser Spezialitäten nichts Ungewöhnliches. Warum? Weil es immer so war!

Diese bedauernswerten Menschen haben offensichtlich ihr Leben lang nur Wild bekommen, dass sich jeweils in der Fortpflanzung befand. Bekanntlich stinkt dann bei einigen ja nicht nur der Pansen – bzw. Waidsackinhalt. Ich hätte allerdings Hemmungen, so etwas zu verkaufen. Brunfthirsch und rauschige Sauen habe ich noch nicht gegessen. Ich werde mich auch hüten.

Dass aber auch ein Muffelwidder Pein am sonntäglichen Mittagstisch bereiten kann, war mir bis zu dem nun nachfolgenden Erlebnis unbekannt.

Ein Bekannter hatte einen Widder erworben und mir die Hälfte zum Kauf angeboten. Dummerweise war Brunftzeit. Schon beim Zerwirken reagierte meine Nase empfindlich. An dieser Stelle hätte ich erstmals aufwerfen müssen. Der Geruch von Schaf-Fleisch ist mir bekannt. In der Gegend, aus der ich stamme, stand Schaf-Fleisch häufig auf dem Speiseplan. Unsere Hammel seinerzeit waren aber nichts gegen diesen Widder gewesen.

Auch mein Großvater, dem ich einen Braten davon spendiert hatte, und der sich in seinem ganzen Leben viel mit Schafen befasst hatte, bekam Wasser an die Haupthaarspitzen, nachdem er den ersten Bissen in Richtung seiner nicht mehr vorhandenen Molaren geschickt hatte. Donnerwetter, aber ich hatte ihn vorgewarnt. Meine Frau und ich hatten unseren Festbraten nämlich bereits hinter uns und unsere Erfahrungen dem Senior mitgeteilt. Er hatte aber nur schlapp abgewunken, denn mit einer solch massiven Bestätigung unserer Bedenken hatte er wohl nicht gerechnet.

Schon das Aroma bei der Zubereitung unseres Sonntagsbratens ließ nichts Gutes ahnen. Meine Frau war anfangs noch der

Meinung, ein Stück Rehbraten der Truhe entnommen zu haben. Das habe ich aufgrund der Duftnote unverzüglich in berechtigte Zweifel gezogen.

Nicht einen Bissen habe ich herunterbekommen. Keiner von uns. Unter Tränen, bedingt durch den aufkommenden Würgreiz, landete der vom Äußeren eigentlich appetitlich anmutenden Braten im Hundefuttereimer. Und das trotz Zubereitung nach bewährter Rezeptur.

Ganz leicht ist so ein Erlebnis ja auch nicht, vor allem für eine verantwortungsbewusste Köchin, zu verkraften! Es gab dann irgendeinen Ersatz. Ich weiß heute nicht mehr, was es war. Es muss harmlos gewesen sein. Der Geruch, der unserer Küche tagelang ein gepflegtes Orient-Basar-Flair verlieh, hätte jeden Freund der orientalischen Küche wahrscheinlich verzückt Witterung aufnehmen lassen.

Der Rest des Muffelwidders wurde mit vielen Tricks von einer geradezu allen Kochtöpfen der Welt gerechtwerdenden Köchin dann doch noch irgendwie der menschlichen Ernährung zugeführt – wohl bemerkt außerhalb unserer Wohnung.

Ein sorgfältig vorbereiteter und liebevoll angerichteter Wildbraten ist ein Erlebnis ganz besonderer Art. Wenn wir uns die Mühe machen, unser Wildbret, wie bereits mehrfach erwähnt, vom

Außerhalb der Brunft erlegt ist er genießbar. Das freut Jagdherr und Erleger.

Zeitpunkt der Erlegung an ordentlich zu behandeln, wird es kaum Probleme bei der Verwertung geben.

Und dass wir uns diese Mühe machen, muss natürlich unbedingt auch jeder Abnehmer unseres Wildes erfahren. Gleichbleibend! Imagepflege, vielleicht sogar – Aufwertung, die nicht viel Mühe und auch noch Sinn macht.

*

Eine mir besonders lebhaft in Erinnerung gebliebene Episode war die Erlegung eines 70-Kilo-Keilers durch meinen Kumpel Emil. Bei leichten Minustemperaturen lag eine fast geschlossene Schneedecke, und das Licht im Altholz war optimal. Wir saßen gut einen Kilometer auseinander, und nach knapp zwei Stunden Ansitz knallte es bei ihm. Kugelschlag war nicht zu hören bei der Schneelage. Gut, dachte ich, das scheint aber geklappt zu haben. Während ich noch sinnierte, was ihm da wohl vor die Büchse gelaufen war, hörte ich Motorengeräusch auf dem Wirtschaftsweg.

Aha, der junge Mann braucht Hilfe. Bald hörte ich das langezogene hoo-op. Ich kramte meine Siebensachen zusammen, baumte ab und ging zum Weg. „Was ist passiert?" fragte ich den wilden Jägersmann. „Es kamen zwei Sauen durchs Altholz, Keiler und Bache. Die beiden waren am hochzeiten. Es ging hin und her. Als der Keiler verhoffte, habe ich geschossen. Er hat die Kugel ganz sicher, aber er liegt nicht." „Hast du den Anschuss, liegt Schweiß?" „Du kennst doch meine Sehschwäche bezüglich rot-grün, ich habe nichts entdecken können, in der dort nicht ganz geschlossenen Schneedecke." „Na denn man los, sehen wir uns das einmal näher an." Ich bugsierte meine Ausrüstung ins Auto und setzte mich auf den Beifahrersitz.

Nach kurzer Einweisung hatte ich den Anschuss bald gefunden. Die Kugel saß gut, es lag Lungenschweiß auf Laub und Schnee. Langsam ging ich der leicht zu haltenden Fährte nach. Jedoch, das Stück lag nicht in Sichtweite. So sehr wir auch den Hals lang und länger machten und uns gar von einem Stucken aus das Gelände besahen, im Altholz lag das Stück nicht. Dann folgten Fichten. So ungefähr akkurate Weihnachtsbaumqualität. Au, backe!

Unabhängig davon, dass man die Fährte bis zu den Fichten gut halten konnte, lag auch ein ausgeprägter Duft von rauschigen Sauen in der Luft. Alle Achtung, das stank nicht schlecht. Gut Aroma, würde mein polnischer Freund Marek sagen. Da ich keine Lust hatte, auf allen Vieren mit der langen Waffe in die schneeverhangene Fichtendickung zu kriechen, um vielleicht, man weiß ja nie, den noch trotz des offensichtlich guten Schusses munteren Keiler in das Gebrech zu laufen, beschlossen wir, erst mal eine ordentliche Taschenlampe zu besorgen und von zu Hause den fangschusstauglichen Colt zu holen. Dem Gestank nach konnte das Stück nicht weit weg sein. Aber?

Nach kurzer Zeit waren wir wieder am Tatort. Das Mondlicht zauberte eine gewaltige Kulisse im Altholz. Ein wunderschöner Abend. Doch nun man los! Auf geht's! Mützenschirm nach hinten und erstmal in die Hocke gehen. Meine linke Hand hielt die starke Taschenlampe und meine rechte umklammerte den Revolvergriff. Ein bisschen Muffensausen hatte ich schon. Vielleicht sollte ich mich doch morgen früh um einen Hund bemühen? Aber zu dieser Jahreszeit haben die Füchse ordentlich Kohldampf, und wer weiß, wie der Keiler morgen früh aussieht? Allerdings, so wie der Bengel stinkt, konnte man ihn sowieso nicht essen. Nun denn. Lampe nach vorn. Sieh da. Alle Sorge war unbegründet. Der Kegel der Taschenlampe erfaßte die bereits verendete Sau. Keine fünfzehn Meter vom Altholzrand war ihre Fährte zu Ende.

Puh, Luft ablassen. Das war mir jetzt aber mal recht, so eine unproblematische Nachsuche. Erleichtert stand ich auf und wies mit einer demonstrativen, lässigen Armbewegung in Richtung Keiler. „Emil, da liegt das Stück!" „Wo?" „Na, da vorn. Siehst du ihn nicht?" Da nahm er offensichtlich seine Nase zur Unterstützung. Und nun klappte es. Er hat nämlich eine hervorragende Nase. Überwiegend. Er ging zum Auto und holte einen Bergestrick, nachdem wir uns über das Gewicht des Keilers Gewissheit verschafft hatten. Ich verblieb beim Stück.

Alle Achtung, der Bursche stank tatsächlich nicht schlecht. Einer sommersonnendurchfluteten gut gefüllten Biotonne wäre die Schamröte in den Deckel gestiegen bei diesem Lüftchen. Der geschätzt 70 bis 80 Kilo wiegende Keiler wurde unaufgebrochen wegen der Schweinepestgefahr bis zum Weg gezogen. Es war die reinste Freude. Aber aufbrechen war ja eh nicht aktuell, dachte ich so bei mir. Ein rauschiges Stück zu verwerten, ist nicht ratsam. Aber ich hätte wissen müssen, dass mein Passmann andere Grundsätze bezüglich der Wildverwertung sein Eigen nennt. Die allgegenwärtige Buchennaturverjüngung in Richtung Weg stellte uns streckenweise auf eine harte Probe. Und dann dieser Gestank. Da muss man wirklich schon gern Jäger sein. Doch bald war es geschafft.

Jedoch die nächste Hürde kam sogleich. Emil fuhr einen riesigen Geländewagen mit einer elend hohen Ladeklappe. Das Verladen wäre ja noch gegangen, aber ich musste auf engsten Körperkontakt mit dem Keiler, wenn er erfolgreich in das Wageninnere einschliefen sollte. Nach dieser Aktion stank alles. Meine guten neuen Thermo-Handschuhe habe ich gleich in Emils Ludereimer geworfen. So etwas kann man nicht mehr anziehen. Da kann man nicht mal einen Fuchs dran schießen, wenn man sie auf den Luderplatz wirft. Reineke würde die Lunte einklemmen und einen großen Bogen um den Platz machen, da er den Urian irgendwo in Lauerstellung vermutet.

„So, nun ab zur Wildkammer und aufbrechen" hub mein Kumpel an. Ich sah ihn entgeistert an. „Du willst das Stück aufbrechen? fragte ich entsetzt." „Na klar, was denn sonst?" „Vielleicht die gute Schwarte retten, aber ansonsten kannst du den morgen gleich beerdigen. Der Keiler stinkt zum Gotterbarmen, das Wildbret kann kein Mensch essen!" „Warum das denn nicht?" kam es zurück. Weil ich weiß, dass in solch einer Situation freundliche Ratschläge, Tipps oder gar Belehrungen bei ihm nicht ziehen, freute ich mich auf das, was da kommen sollte und musste.

Zu allem Überfluss war die Wildkammer abgeschlossen und Förster sowie Schlüssel abwesend. Also, ab zu Emils Kate und in die Garage mit dem Keiler. Die Fahrt dort hin war nur mit offenem Fenster zu ertragen. Tatsächlich fing der Bengel an, das Stück aufzubrechen. Na gut, dachte ich bei mir, hilfst du ihm. Die Ludereimer-Handschuhe wurden wieder aktiviert und just war der Schütze dabei, das Schloss zu öffnen, als er um Haaresbreite mit seinem Messer in die prallgefüllte Blase geraten wäre. Das hätte ihn sicherlich veranlasst, seinen Verwertungsplan nochmals zu überdenken, wenn er den Blaseninhalt hautnah zu spüren bekommen hätte.

Nun sollte das Stück in der Nacht auskühlen und am nächsten Tag abgeschwartet und zerwirkt werden. Mein Gott, ging es mir auf dem Heimweg durch den Kopf, er wird doch wohl nicht allen Ernstes von dem Wildbret etwas verkaufen? Er hat! Der Trichinenbeschauer hat wohl ähnliches gedacht, aber nichts gesagt. Manch einer hat vielleicht den Eindruck, dass ich bezüglich des rauschigen Keilers zu empfindlich reagiert habe. Dem ist nicht so. Ich bin nicht zimperlich, wenn es um allerlei schlimme Lüftchen geht. Aber dieser Keiler – also nein! Mein Lodenmantel hing am Lauf der über der Schulter getragenen Büchse, um ihn schon mal vor dem heimatlichen Stall auszulüften. Insgesamt hat das aber deutlich länger gebraucht.

Ach ja, ein wunderschönes Stück Braten hatte der stolze Schütze einem Kollegen verkauft, da er nach wie vor der Meinung war, dass das Fleisch in Ordnung sei. So ein Wildbraten macht etwas her, speziell zu Weihnachten, gell? Jedoch, die Menschen haben irgendetwas anderes zum Fest gegessen. Nach der telefonischen Anfrage seines Kollegen, was er ihm denn da für Fleisch verkauft habe, konnte Emil wahrheitsgetreu das Wildschwein nennen. Ob etwas nicht stimmen würde mit dem Fleisch, begehrte er sodann zu wissen. Tja, erwiderte nun sein beruflicher Mitstreiter, seine Frau habe damit begonnen, das Fleisch anzubraten und umgehend und schlagartig ihren gesamten Mageninhalt in die Küche gepumpt. Die ganze Bude würde zum Gotterbarmen stinken. Man müsse nun Ersatz beschaffen und sicherlich auch neu tapezieren. Das von Emil angebotene Wildbret anderer Etikettierung wurde dankbar und nachdrücklich abgelehnt.

So weit, so gut. Ich weiß nicht, ob er diesen Zauber mit einem Karrierestop bezahlen musste. Gesagt hat er nie etwas diesbezüglich, nur immer listig gegrinst. Wer weiß? Aber schlimm ist so etwas schon, oder? Da Emil so schnell nicht zu überzeugen ist, wollte er es nun genau wissen. Er langte in die Truhe nach dem Keilerfleisch und legte ein kleines Stück davon in die Mikrowelle. Erst dieses Gerät überzeugte den Jägersmann von der Qualität des Fleisches. Er hat zwar nicht in die Küche gereihert, aber das doch stark an eine Rummelplatz-Latrine erinnernde Lüftchen in seiner Küche hat ihn geheilt.

*

Als mein dörfliches und berufliches Umfeld erfuhr, dass ich frisches Wildbret besorgen konnte, hatte ich keine Probleme mehr mit dem Absatz der teilweise recht ordentlichen Tauben- und Karnickelstrecken. Ich war erstaunt über das große Interesse an Wildbret, das vielleicht auch eine Folge der im Abwärtstrend befindlichen Haustierhaltung selbst auf dem Dorf war. Zudem begann in den ausklingenden Wirtschaftswunderjahren, eine Art Diät- und Schlankheitsfimmel um sich zu greifen. Jedenfalls waren die an Fett armen Leckerbissen aus der freien Wildbahn sehr gefragt.

Der Förster war froh, wenn ich die Strecken verkaufen konnte. Da ich sehr aktiv war, habe ich viel Wild unter die lieben Nachbarn und Kollegen bringen können. Mein jagdlicher Eifer verlangte geradezu nach einem kopfstarken Kundenstamm. Anfangs habe ich mutterseelenallein sämtliche Tauben gerupft und ebenso alle Karnickel abgebalgt und küchenfertig gemacht, um sie erfolgreich vermarkten zu können. Gott sei Dank rückten bald befreundete Jungjäger nach, die mir tatkräftig helfen konnten.

Aber diese Aktionen waren sehr zeitraubend. Umso glücklicher war ich, in unmittelbarer Nachbarschaft eine Kaufmannsfrau für die Abnahme von ungerupften Ringeltauben gewinnen zu können. Was hat die gute Frau an Tauben gekauft!? Hunderte und Aberhunderte.

Einigen Kollegen aus meiner Abteilung hatte ich unsere „Dünenkeiler" schmackhaft gemacht und deren Wildbret in den höchsten Tönen gelobt. Da vergab ich mir nichts. Ein akkurat zurechtgemachter Karnickelbraten ist eine feine Sache. Man darf nur nicht vergessen, die erbsengroßen, typisch nach Karnickel stinkenden Drüsen zu entfernen. So um die zwanzig Karnickel sollten nach dem Jagdwochenende alsbald in die Pfannen meiner Kollegen wandern. Das Stück für zwei D-Mark küchenfertig.

„Kannst du die Braten bis zum Wochenanfang liefern?" hieß es. „Kein Problem", versicherte ich guten Glaubens. Ich schnappte mir, nachdem meine Frau von der absoluten Notwendigkeit dieses Einsatzes überzeugt war, am Freitagabend die .22 lfb und zog los. Es war ein frischer Herbstabend mit leichtem Westwind.

Auf meiner Leiter angekommen, lud ich meine kleine Büchse. In meinem Rücken befand sich ein Gelände mit gesprengten und eingestürzten Bunkerresten aus dem Zweiten Weltkrieg. Die Fläche war durch hohen Graswuchs und Sträucher regelrecht verfilzt. Ideales Gelände für die Sippe der Lapuze. Es war noch früh am Abend, und mit Kanin rechnete ich vorerst noch nicht, die hoppelten meist erst später zur Äsung. Also nahm ich das Glas zur Hand und leuchtete den linksseitigen Waldrand ab. Nichts zu sehen.

Das Feld war leer, kein Mensch und keine Maschine waren zu sehen. Ein halbabgeernteter Rübenacker befand sich direkt vor meiner Leiter. Unter dieser verlief ein Grasweg.

Also ein idealer, schon oft erprobter, erfolgversprechender Ansitzplatz, um mal eben die bestellten zwanzig Karnickel zu erbeuten.

Langsam legte ich das Glas auf das Sitzbrett zurück und hätte es dabei fast fallenlassen, als ich nach links schaute. Keine zwanzig Meter neben der Leiter saß schon das erste Kanin sichernd auf den Keulen. Nur die Barthaare waren in Bewegung. Mit aufkommenden Herzklopfen, den Lapuz nicht aus den Augen lassend, ergriff ich die Büchse und ging im Zeitlupentempo in Anschlag. Patsch! Das Kanin tat noch einen Riesensatz und war verendet. Wer sagt's denn?

Voller Zuversicht, die Hälfte der zugesagten Kaninchen bei Dunkelheit einsammeln zu können, lehnte ich mich zurück und huldigte erst einmal den zweifelhaften Götzen aller Tabakblätter. Der Wind ließ vollkommen nach, und es wurde ein schöner Abend am Waldesrand. Rehwild zog in die Rüben und sorgte für Kurzweil. Jedoch, das war es auch schon, der weitere Abend gestaltete sich ohne Kaninchen.

Noch ohne Panik sah ich bei schon fast völliger Dunkelheit zwar ein weiteres Karnickel zu den Rüben hoppeln, aber durchs vierfache Zielfernrohr war nichts mehr zu machen. Dann eben nicht! Morgen war schließlich auch noch ein Tag.

Am nächsten Abend gelang es mir jedoch lediglich, zwei graue Flitzer zu erbeuten, einen Dritten schoss ich auf ungefähr fünfzig Meter vorbei. Langsam geriet ich unter Erfolgszwang. Also musst du morgen früh raus, sagte ich zu mir. Allmählich verfluchte ich die große Klappe, die ich vor meinen Kollegen riskiert hatte. Am kommenden Morgen erwischte ich ganze drei Kaninchen. Es waren natürlich mehr da, aber allesamt zu weit für meine kleine Kugel. Auch zweimaliges Verlassen der Leiter mit folgenden Pirschversuchen scheiterte kläglich.

Am Sonntagabend saß ich wiederum auf der Leiter, einen besseren Platz gab es derzeit nicht. Sorgfältig überlegte ich mir schon diverse Ausreden, um meine Kollegen für zukünftige Wildbretaktionen nicht zu verprellen. Genau wie am Freitagabend saß wieder sehr früh ein Karnickel plötzlich auf dem Weg und wurde meine Beute. Das Hoffnungbarometer stieg. Mehr stieg allerdings nicht.

Ganze sieben Karnickel konnte ich am Montag etwas kleinlaut anbieten. Selbstverständlich nicht, ohne ausführlich beschrieben zu haben, unter welchen schweren Bedingungen und persönlichen Entbehrungen diese an und für sich gewaltige Strecke zustande gekommen war.

So ganz hat das, glaube ich, nicht gezogen. Nicht bei allen. Nach einigen Stänkereien der lieben Kollegen bekam letztendlich ein überaus bilanzfester Kollege, der sich diätbedingt sehr um die Strecke bemühte, den Zuschlag. Nach Feierabend fuhr er mit mir nach Haus, um die Karnickel abzuholen. Akkurat und sauber hingen sie am Haken im kühlen Keller. Erst jetzt sah ich, dass ich aus irgend einem Grund bei dem zuletzt erlegten Karnickel die Seher nicht ausgelöst hatte. Ich dachte mir zunächst weiter nichts dabei.

Mein Kollege schliefte hinter mir mit seiner nicht unerheblichen Körpermasse plastikwannenbewaffnet in den Kellerraum ein und begann, ohne Federlesen zu machen, links und rechts greifend die Karnickel von den Haken zu lösen und in seine Wanne zu packen. Das ging recht flott. Plötzlich jedoch, als hätte man einen Film angehalten, stutzte er.

Aus dieser Starre heraus bewegte sich nun langsam sein Schädel mit weit aufgerissenen Augen in Richtung des nicht ganz fertiggewordenen Karnickels.

„Was ist das denn?" kam es heiser über seine Lippen. Ich bemühte mich einen möglichst „coolen" Eindruck zu machen und tat unwissend. „Was denn?" Er stierte nunmehr kurz zu mir her und dann rasch wieder zum Kopf des Karnickels. „Das Vieh hat ja noch Augen, das kann ja noch gucken!" „Blödsinn", erwiderte ich, schwer mit einem plötzlich drohenden Lachkrampf kämpfend, „ich habe vergessen, die Seher auszulösen. Warte einen Moment, ich erledige das gleich." "Lass das", er starrte mich an, seine Augäpfel befanden sich kurz vor den Brillengläsern, "ich will die Viecher nicht mehr. Keinen Bissen würde ich runterkriegen, wenn ich an diese Augen denke".

Er packte die Karnickel langsam, ohne das noch „guckende" auch nur einen Moment aus den Augen zu lassen, wieder aus und verschwand. Was will man da machen? Das Stadtkind war schon zu sehr an die abgepackte Ware der Fleischtheken im Supermarkt gewöhnt. Die Karnickel los zu werden, war dann wirklich kein Problem.

*

Gefährliches – groß und klein

Gefährlich hin, gefährlich her. Natürlich kann gerade auch das Schwarzwild mächtig hinlangen, wenn es eine Notwendigkeit dafür erachtet. Alle Hundeführer wissen das. Nachsuchen, hochflüchtige Rotten, annehmende und rauschende Sauen, das sind einige Situationen, bei denen sich Herr und Hund schwerste Verletzungen einhandeln können.

Von der Urkraft unserer Sauen konnte ich an einer Suhle beim Anblick des umgepflügten Bodens, der mit Schnee und Schweiß der beiden Uriane vermischt war, ein leises Ahnen bekommen. Hier mussten sich zwei in der Sauenhierarchie gleichgestellte Bassen über den Besitzanspruch des Suhlenbereiches mächtig in der Schwarte gelegen haben. Der Platz sah zum Fürchten aus. Nicht unerhebliche Mengen Schweiß lagen in der Fährte des einen Kämpfers, der nach dem Ringen die Verjüngung angenommen hatte. Aber auch sein Kontrahent hinterließ eine ordentliche Schweißfährte.

Diese verlief quer durch Stangenholz, durch eine Weihnachtsbaumkultur über eine Tagebaurekultivierungsfläche. Ich folgte ihr weiterhin. Immer die Büchse am langen Arm, und leise, leise ging es weiter. Der Schweiß war deutlich weniger geworden. An einer Stelle, an der durch Läuterungsmaßnahmen das Holz kreuz und quer lag, brach ich ab. Wenn ich in diesem Harzburger Mikado auf die sicher nicht gutgelaunte Sau gestoßen wäre, hätte nur einer gute Karten gehabt. Nee, dem Keiler war wohl trotz des gewaltigen Kampfes nicht allzuviel passiert. Das ist nun mal Keiler-Alltag. Warum sollte ich mich mit ihm anlegen? Meine halbwegs intakten Knochen waren mir lieber.

An fast der selben Stelle im Revier, in dem die Suhle liegt, bin ich einmal um die Mittagszeit auf eine rauschende Rotte aufmerksam geworden. Es war ein Heidenspektakel in der Verjüngung. Ab und zu flog aufklagend eine schwächere Sau durch die Verjüngung, und abgrundtiefes Knurren war darin zu hören. Auch hier verspürte ich keine Lust, mir den Chef dieser Rauschzeitorgie näher anzuschauen. Die Luft war voll mit der typischen, schweren Rauschzeitwitterung. Man könnte meinen, ein Löwe saß in der Verjüngung, so grollte der Keiler. Anders kann man das nicht nennen. Ich habe ihn nicht zu Gesicht bekommen. Sein Standort war nur durch die zitternden Stämmchen der Verjüngung zu erahnen. Leise setzte ich mich ab.

Dafür genoss ich während einer Drückjagd die unmittelbare Nachbarschaft der liebestollen Sauengesellschaft. Der altbekannte Geruch kündigte die Hochzeitsgesellschaft an. Ich stand auf einem Weg zwischen zwei älteren Dickungskomplexen mit dem Rücken an einer mickrigen Weide. Obwohl es ringsum knallte, befand ich mich mit einem Mal im Zentrum der Rotte. Jetzt war ich aber mal munter. Der Keiler, der speichelschlagenderweise seine Damen mit derben Hieben, die sie aufquiekend bestätigten, durch die Gegend schob, hat wohl so um die einhundert Kilo gehabt.

Unabhängig davon, dass der Keiler im engen Holz der Verjüngung nie ganz frei war, wurde er auch laufend von anderen Stücken verdeckt. Ich hätte nur in absoluter Notwehr geschossen, ansonsten hatte ich nicht so die rechte Begierde in diesem Moment. Gell? Es waren auch eine Unmenge, teilweise noch winzige Frischlinge in dieser Rotte, die mich regelrecht umzingelten. Da kannst du schon Fracksausen kriegen, wenn keine zehn Schritt dieses Ungetüm von einem liebestollen Bassen an deinem Stand vorbeidefiliert. Hussa!

Das einzige, was sich bei mir noch bewegte, waren die Augen und das Herz. Letzteres mit imponierender Schlagzahl. Langsam entschwand die Rotte. Durchatmen war angesagt. Da knallte es auf meinem Nachbarstand. Der Keiler hatte, wie ich nach dem Treiben erfuhr, prompt und ohne Vorwarnung, nachdem er Wind von ihm bekommen und die an ihm „hängenden" Terrier abgeschüttelt hatte, einen Nachbarschützen angenommen. Dieser konnte gottlob blitzschnell reagieren und ihm eigentlich nur noch mehr oder weniger aus der Hüfte die Kugel auf kurze Distanz über die Lichter setzen. Das hat er nicht vertragen. Nicht auszudenken, was passiert wäre, wenn ihm das nicht gelungen wäre. Der Gute hatte auch beim Schüsseltreiben noch mächtig Watte in den Knien.

*

Auch die stärksten Vertreter unseres einzigen wehrhaften Wildes, nämlich des Schwarzwildes, sind harmlose Waldbewohner neben den bei uns vorkommenden kleinen Plagegeistern. Meine Kontakte mit Sauen verliefen, wie wir schon gehört haben, bis auf den heutigen Tag, ohne Blessuren. Die, die ich mit den lieben kleinen stechenden, beißenden und saugenden Tierchen hatte, brachten indes immer nachhaltige Pein mit sich.

Es gibt Menschen, die nie oder nur selten Probleme mit Stechinsekten und anderen Quälgeistern haben. Sagen sie jedenfalls. Keine Zecke, Ameise oder Floh kümmert sich um sie. Schon gar nicht Mücke, Wespe, Biene und Hornisse. Das sind so die gängigsten Vertreter, die uns bei unseren jagdlichen Aktivitäten zusetzen können. Nicht nur Allergiker, sondern auch alle anderen Betroffenen sind von Fall zu Fall böse dran, und Spätfolgen insbesondere nach Zeckenbissen, sind nicht auszuschließen.

Die verschiedenen Entwicklungsstadien der Zecken als Larve, Nymphe und adulte Zecke bedürfen jeweils ausreichender Blutmahlzeiten. Ich kann für mich den zweifelhaften Erfolg vermelden, diversen Vertretern dieser Entwicklungsphasen in ihren Bemühungen, die Art zu erhalten, auf die Sprünge geholfen zu haben.

Ich habe mir einmal bei Kulturarbeiten Zeckenbisse eingefangen, die nach einiger Zeit typische Merkmale der Borreliose aufwiesen. Damals kannte ich diese Symptome noch nicht. Die Stichstelle mit etwas hellerer Umgebung und anschließendem rötlichem Umfeld sah exakt so aus, wie es heute oftmals in Berichten der Jagdzeitschriften abgebildet ist.

Die erste Frage des alten Hautdoktors war: „Sind Sie Jäger, oder arbeiten Sie im Wald?" Beides, lieber Doktor, beides ist der Fall. Er zog die Stirn in Falten. „Sie bekommen eine Zeitlang Spritzen von mir, und ich lasse Ihnen eine Salbe zusammenstellen, die Sie großflächig auf die betroffenen Stellen auftragen, dann müsste es klappen!"

Die Spritzerei war nicht so lustig, mir wurde regelmäßig hundeelend dabei. Ich weiß leider nicht mehr, was die Spritzen enthielten. Heute therapiert man mit Antibiotika. Der Doktor hatte jedenfalls Erfolg mit der Behandlung. Trotz vieler Zeckenbisse seither habe ich nie wieder ähnliche Symptome gehabt. Angeblich sollen Personen, die häufig von Zecken gebissen werden, eine gewisse Immunität aufbauen. Hoffentlich ist da was dran.

Auf Empfehlung meines Hausarztes lasse ich mich seit geraumer Zeit auch gegen die FSME impfen, obwohl in unserer Region bislang keine Gefahr besteht. Aber man verreist ja ab und zu einmal. Wer sich infiziert hat, ist nicht zu beneiden.

Sorgfältige „Body-Checks" können manch unliebsame Pein vermeiden. Wer häufig in der Natur ist, ob arbeitend oder freizeitgestaltend, muss seinen Körper vor dem abendlichen Waschgang unbedingt gründlich untersuchen. Doch auch dann übersieht man die teilweise winzigen Tierchen noch häufig. Aufgrund der Tatsache, dass sich die lieben kleinen Mistviecher in den unmöglichsten Landschaften unseres Körpers ansiedeln, sollte man bei der Inspektion mit dem Partner, falls vorhanden, zusammenarbeiten.

Mückenstiche, die ich mir im Sommer einfange, registriere ich nur noch am Rande. Trotz jahrelanger Erprobung diverser Repellens überfallen mich die Plagegeister nach wie vor. Sie kümmern sich einen Schmarrn um meine chemischen Abwehrversuche. Es passiert häufig in außerordentlich interessanten Phasen unseres jägerischen Alltags, dass uns die lieben kleinen Summer beehren.

Beim Ansitz auf Enten zum Beispiel. Die Biester lassen mich so lange zufrieden, bis in der beginnenden Dämmerung das erste Schoof einfallen will. Dann geht das los! Versuche mal eine Ente vom Himmel zu holen, wenn gleichzeitig Unmengen von Mücken Kopf und Hände urplötzlich als Zapfstelle für ihre Abendmahlzeit auserkoren haben. Wenn man sich gezwungenermaßen um die Mücken kümmert, sind die Enten weg.

Früher trug ich gerne Kniebundhosen. Das sind ja ganz praktische Bekleidungsstücke. Trotzdem habe ich mich von ihnen getrennt. Sie haben nämlich den Nachteil, dass manchmal die Strümpfe in Richtung Hacken rutschen. Schon bietet die freigewordene Hautpartie ein optimales Betätigungsfeld für alle Mücken im näheren Einzugsbereich.

In aller Herrgottsfrühe, bei schwülwarmen Wetter, wollte ich einen Bock erlegen, der unweit vor meinem Erdschirm verhoffte und in meine Richtung äugte. Um ihn nicht zu vergrämen, war ich auf meinem Sitzbrett erstarrt. Dabei registrierte ich, dass mindestens ein Geschwader blutrünstiger Mücken Einschlagringe um meine halbentblößten Ständer legte. Ich hätte schreien können.

Den Bock habe ich bekommen. Kaum lag er auf der Decke, verließ ich fluchtartig den mückenverseuchten Schirm. Ich wusste nicht, was ich zuerst machen sollte: Zum Bock gehen und mich ordentlich über das glückliche Erlegen des lange Gesuchten freuen, oder aber meinen wahnsinnig juckenden Ständern Linderung verschaffen? In diesem Fall entschied ich mich für letzteres. Seit dieser Zeit trage ich die Halbledernen nur noch zu ungefährlichen Einsätzen. Am Stammtisch zum Beispiel.

Auch Wespen können schmerzhafte Stiche verteilen, wenn sie Sorge um ihr Leben haben. Mit ihnen wie auch ihren größeren Verwandten, den Hornissen, kann man bei einiger Vorsicht gut zurecht kommen. Allerdings befällt mich auch heute noch eine angewölfte Ehrfurcht, wenn mich eine Hornisse beim Ansitz besucht.

Wenn dieses faszinierende Geschöpf mit der Geräuschkulisse eines Ultra-Leichtfliegers einige fingerbreit an meinem Kopf vorbeifliegt, interessieren sich meine Augen für nichts anderes mehr. Bis sie außer Sichtweite ist. Da fallen mir die Warnungen der Eltern und Großeltern ein: „Sieben Stiche töten ein Pferd und drei einen Menschen!" Soll ja nicht stimmen. Aber ausprobieren möchte ich es nicht.

Immer wieder hört man von nicht ganz unglimpflich abgelaufenen Begegnungen mit Hornissen. Ob das alles Allergiker sind, denen so etwas passiert? Sicher sind zum einen die jeweiligen Umstände entscheidend, zum anderen die Giftmenge, die sich der Betroffene eingefangen hat. Kürzlich habe ich gelesen, dass das Gift der Honigbiene weitaus gefährlicher sein soll.

Wespen können, wenn sie dann einmal rege gemacht sind, ordentlich zur Sache gehen. Während vor einigen Jahren die gute alte Kultursense zur Pflege eingesetzt wurde, erledigt das nunmehr ihre motorisierte Schwester. Vielleicht ist die Arbeit dadurch leichter und effektiver geworden. Auf jeden Fall aber lauter.

Aus diesem Grund kann man ein mit dem Messer des Freischneiders angekratztes Wespennest erst dann registrieren, wenn die lieben Tierchen schon im Hosenbein sind und erste Erfolge bei der Abwehr ihres Heimzerstörers vermelden können. Mir selbst ist das ein paar Mal passiert. Ich bin immer relativ harmlos davongekommen.

Anders erging es einem Praktikanten bei der Jungwuchspflege. Er mähte rund hundert Meter oberhalb von mir. Während einer Pause schaute ich zu ihm hinauf. Seine gleichmäßigen Bewegungsabläufe mit der Maschine am Gurt hatten ein jähes Ende. Erst schlug er mit den Händen wild um sich, dann versuchte er krampfhaft, die Sicherheitsschlaufe zum Lösen des Gurtes zu betätigen.

Das gelang ihm Gott sei Dank recht schnell. Befreit von der Last der Maschine, stürzte er wild um sich schlagend bergab in meine Richtung. Ich wusste, was Sache war, und rief ihm entgegen, unbedingt bis zum Weg zu unseren Autos zu laufen. Das tat er auch. Er sah furchtbar aus.

Völlig außer Atem, zitternd, verschwitzt und mit zig Einstichen an Kopf, Händen, Armen und Beinen saß der arme Bengel im Auto. Ab zum Arzt. Er hat das gut überstanden. Von diesem Tag an bis zum Ende seiner praktischen Ausbildung hat er es niemals unterlassen, vor Mäharbeiten das Gelände abzusuchen und ist nur noch mit zugebundenen Hosenbeinen auf die Strecke gegangen.

Eine Begegnung der besonderen Art ermöglichte im Sommer meine Spanielhündin. Flöhe! Kleine, schwarze, meterweit springende Ungeheuer. Ich kam anfangs nicht dahinter, wo sich die Hündin diese Biester eingefangen hatte. Bis ich an einem lauen Sommerabend einen Igel im Garten sah.

Die Hündin kannte den Gesellen offensichtlich. Sie versperrte ihm den Pass und bewindete den Stachelritter. Aha! Daher diese Höllenbrut, die nachhaltig Hund und Mensch malträtierte. Da mit einer Streckenänderung seitens des Igels nicht zu rechnen war, musste etwas passieren.

Der Tierarzt empfahl einige Präparate für die Hündin. Allmählich hatte die Behandlung Erfolg. Bis es soweit war, hatten wir die springenden Ungeheuer überall im Haus. Urplötzliches Auffahren eines Familienmitgliedes vom wohlverdienten Feierabendlager gehörte zur Tagesordnung.

Die Bissstellen, die manchmal nach Tagen ohne Vorwarnung wieder zum Kratzen animierten, hinterließen hässliche Löcher in der Haut. Diese brauchten lange, um abzuheilen. Es dauerte eine ganze Weile, bis diese wahnsinnig juckenden und hernach schmerzenden Attacken ein Ende hatten.

Allmählich meint man, Steigerungen wären nicht mehr drin. So kann aber nur jemand daherreden, der noch niemals Ameisen in seiner Leibwäsche gehabt hat. Kurioserweise werden die restlichen dreihundertachtzig roten Krabbeltiere immer erst dann munter, wenn man durch Zufall ihren Späher entdeckt hat und entsorgen will. Bis dahin ist nichts zu merken.

Wer das effektivste Mittel zum Entfernen der beißenden Ameisen sucht, wird um einen hektischen Striptease, kombiniert mit den Bewegungsabläufen einiger uralter zentralafrikanischer Eingeborenentänze und abschließendem Untertauchen in einen Waldsee – falls vorhanden – nicht umhin kommen. Wie wir sehen, kann es auch mit den kleinen Tieren, die unser Leben begleiten, aufregend und teilweise gefährlich werden.

*

Karl war für das Holzrücken in unserer Verwaltung zuständig. Er verfügte über eine, auch bei vertrautem Zwiegespräch, weithin zu vernehmende kräftige Stimme. Aus der ostpreußischem Heimat vertrieben, fand er nach dem Krieg keine ihm zusagende Beschäftigungsmöglichkeit im zerstörten Deutschland. Er ging zur Fremdenlegion. Nun soll es ja Berufe geben, die weitaus gesünder sind, als eine Beschäftigung in der Jacke des Legionärs im heißen Afrika. Karl hat eigentlich nie viel erzählt. Er war hart im Nehmen und verlangte das auch von seinem Umfeld, wenn es um die Sache mit dem Holz ging. Unerschrocken, furchtlos und manchmal sehr risikofreudig. So kann man ihn kurz und passend umschreiben. Und er konnte trotz allem manchmal eine beängstigende Ruhe produzieren. Musste er wohl ab und zu einmal haben.

Ich war dabei Stammholz zu messen und hörte seit einiger Zeit ein langgezogenes, undefinierbares Geräusch östlich meines Standortes. Ich wusste nichts damit anzufangen. Meine beiden artilleriegeschädigten Lauscher verlassen mich diesbezüglich in diesem Frequenzbereich. Ich horchte wiederum, nachdem dieser Sirenenklang erstorben war. Schlagartig wurde mir bewusst, dass es sich nur um Karl handeln konnte, der um Hilfe rief. Er war in der übernächsten Abteilung mit dem Rücken von Stammholz beschäftigt.

Mein Gott, ihm ist etwas passiert! Ich ließ Kluppe und Kreide fallen und stürzte zum Auto. Dabei überfiel ich die schon gemessenen Stämme, wie es kein Rotspießer besser gekonnt hätte. Schwer atmend kam ich am Auto an und gab Kette, dass die Funken flogen. Er wird unter dem Schlepper liegen oder sich zwischen Seil und

Stamm eingeklemmt haben. Die tollsten Sachen schossen mir durch den Kopf. Auch hatte ich schon das nächste Telefon gecheckt und eine Fläche für den Rettungshubschrauber ergründet.

Da stand der Schlepper. Oben am Hang. Gott sei Dank! Er stand. Ich stürzte aus dem Auto und den Hang hinauf, um Karl unter dem Stamm hervorzuziehen, den er an der Winde hatte. Denn da musste er ja nun wohl liegen. Es war nichts mehr von ihm zu hören. Im Gegensatz zum Rotspießer kam ich nun total ausgelaugt mit heraushängendem Lecker am Schlepper an. „Karl?!" „Wat schreist du so?" kam es hinter dem Schlepper hervor. Er lebt! „Karl, was ist los, was machst du da?" „Ich rauche eine Zigarette, siehst du das nicht?" Der hat Nerven. Sitzt auf dem Stucken und qualmt vor sich hin. Ich musste erst einmal nach Luft schnappen. „Also, was ist los?" raunzte ich ihn an. „Platten jefahren, siehste dat nich?" „Menschenskind, ich habe gedacht, dir ist etwas passiert". „Ach wat, ich habe dich jerufen, weil ich Hilfe brauche. Bist ja da. Alles is jut." Alles is jut! Grinsend kramte er das notwendige Werkzeug aus dem Kasten: „Wat is, wollen wir anjreifen?" Wir wollten.

Ist er nicht köstlich, unser Karl? Und doch haben wir ihn einmal dran gekriegt. Wir hatten eine der ersten Jagden speziell auf Schwarzwild in unserer Försterei. Die Waldarbeiter waren, da sie den Busch wie ihre Westentasche kannten, natürlich dabei. Aufgrund ihrer Ortskenntnisse konnten sie auch immer wieder die geländeunkundigen Treiberkollegen in das dickste Zeug schicken. Am Rande eines Kahlschlages, ich glaube, es war die letzte Fläche, die seinerzeit komplett geräumt wurde, hatte sich außer der Schlagflora, die ein Magnet für das Rehwild war, ein ordentlicher Grassaum gebildet.

Zwischen einem meiner Durchgehschützenkollegen und Karl ergab sich nachfolgender Dialog, nachdem der alte Legionär in Grundstellung im hohen Gras verhoffte und somit die Treiberlinie deformierte. „Karl, was ist? Warum gehst du nicht weiter?" „Nee, tu ich nicht!" „Warum?" „Hier sind se." „Wer?" „Na, die Schweine. Ich steh mitten drin!" „Sieh zu, dass du sie auf Trab bringst, na los!" „Nee, nie nich!" „Karl!!!" „Nein!!" Der Durchgehschütze ging nun forsch auf Karl zu. Das hielten die Sauen nicht mehr aus, und die Rotte stob nach allen Seiten, begleitet von einem hundertfünfzig

Dezibel starken, langgezogenen „Uuuaaah!" von Karl. Faszinierend nicht? Das Gegröhle in der Treiberwehr war mächtig. „Na Karl, was ist nun, sind sie alle raus?" fragte nun der Schütze. „Ja, ja, Mann oh Mann, dat war knapp. Hier fass mal meine Hose an, die ist noch janz warm, so dicht haben se mich jestriffen!"

Er hat sich dann wieder berappelt. So ist das. Karl, der keinen Bammel vor schwerbewaffneten, kamelreitenden Halsabschneidern in der Sahara hatte, konnte Nerven zeigen. Da musste er sich einige Zeit etwas anhören. Grundsätzlich hat es seinem Naturell aber nicht geschadet.

*

Arbeitende und andere Waldmenschen

„Anna, Dunnerwetter, no a moll! Hörst Du denn rein gar nischt mehr?" rief mein alter schlesischer Forstaufseherkollege. Er wurde puterrot, als er tief Luft holte, um den nächsten Appell an unsere ehemalige Waldarbeiterin Anna loszuwerden. Mittlerweile war sie schon lange Rentnerin und half uns jetzt zur Adventszeit bei der Schmuckgrünwerbung. Alfred beugte sich verdächtig dicht an Annas linkes Ohr: „Stocktaub biste, sunnst hätt'ste des lange schon gefressen!" Die Gute hatte aufgeworfen und blickte ihren alten Chef verwirrt an: „Wos is denn nu los, Alfred?" „Lerge, zigmal hab ich dir gesagt, fünfundzwanzig Zweige eim Gebindel nei, fünfundzwanzig und nicht gar dreißig oder vierzig! Willst denn du den Förschter ruinieren?"

Mit Sicherheit war das die Dezibelzahl, die zum Überschreiten der Schmerzgrenze gereicht hätte, nicht aber bei Anna. Alfred richtete sich auf, stemmte die Hände in die Hüften, strahlte die wirklich stark schwerhörige Landsmännin an und sprach in annähernd normaler Lautstärke: „Haste mich nu kapiert?" „Was bölkst du denn so rum hier, Gott no a moll? Des weeß ich doch, dass fünfundzwanzig Zweiglein eim Gebindel 'neikummen, aber wenn's nur kleene hat, pack ich schon a paare mehr nei, sunnst sieht's nach nischt aus!" Punktum! Sie drehte Alfred den Rücken zu und langte nach den nächsten Zweigen.

Resigniert abwinkend und dabei die Lefzen hochziehend, wandte sich auch Alfred wieder dem nächsten Baum zu, um Zweige zu schneiden. Ich hatte mich bei dem soeben Gehörten an der nächstbesten Omorika-Fichte festhalten müssen, um vor Lachen nicht das Gleichgewicht zu verlieren. Allmählich erreichte ich wieder normale Schwingungen.

Da schoss es mir direkt in die Nase – Sauen! „Alfred, hier stinkt es nach Sauen!", rief ich. Der Forstaufseher hob die Nase, drehte sich im Kreis und zeigte sodann hangabwärts. „Die werden in dem Gelumpe unten am Hange liegen, kannst ja a moll nachschauen, Pause ist eh gleich", antwortete Alfred. Keine schlechte Idee, ab in Richtung Gelumpe, sprich Naturverjüngung. Mit dem Frühstücksbrot in der Hand pirschte ich behutsam dem mal mehr, mal weniger starken Sauengeruch nach. In der dichten Naturverjüngung kam ich nur langsam voran, stets darauf bedacht, so leise wie möglich zu sein.

Eigentlich, so meinte ich nach einer ganzen Weile, müsste ich mittlerweile zwischen den Sauen stehen, dermaßen kräftig drang mir die Wittrung in die Nase. Hier hatten sie gelegen. Ich bückte mich zu den verlassenen Stellen, an denen sie sich eingeschoben hatten. Unschwer konnte ich feststellen, dass sie ihren Tageseinstand just verlassen hatten.

„Also warst du doch zu unvorsichtig und hast die Rotte auf die Läufe gebracht", ärgerte ich mich nunmehr. Hangabwärts waren sie gezogen, das war auf spärlich vorhandenem Schnee ganz klar zu erkennen. Fünf Stücke und nichts hatte ich gehört. Ich hätte nicht ganz so behutsam pirschen sollen, dann hätten sie es wohl besser ausgehalten.

Wieder bei Alfred angekommen, berichtete ich, was ich gesehen hatte. „In dem Gelumpe, was am Hange steht, kannst auch nicht leise pirschen. Sie werden nicht weit sein. Hock dich am Abend in die Hainbuchen, da wirscht'se sehen", meinte er. Das könnte ich schaffen, überlegte ich. Wir hatten zunehmenden Mond, der schon ganz ordentlich war, und Schnee lag auch, zwar nicht geschlossen, aber allemal eine ordentliche Sicht bietend.

Feierabend, flugs nach Hause, Verpflegung fassen im Vorbeigehen, Umziehen für den vermutlich nicht sehr kalt werdenden Ansitzabend, Büchse und Glas schnappen, dann der Familie die ungefähre Ansitzdauer mitteilen, das war alles in allem eine Sache von Minuten. Keine Stunde später saß ich nach Absprache mit meinem Chef, der diesen Revierteil bejagte, in einer Erdkanzel in den Hainbuchen. Der Wind strich von halbrechts aus Südwest auf mich zu. Genau aus der Richtung kommend, wo ich des morgens die Sauen rausgetreten hatte. Ich hoffte, dass sie sich danach nicht in die Fichten zu meiner Linken eingeschoben hatten. Das wäre zwar gut für die Sauen, für mich dann allerdings nicht ganz so erfolgversprechend.

Außer Rehwild bekam ich die ersten zwei Stunden nichts in Anblick. Kein erlösendes Ästeknacken aus der vermutlichen Anwechselrichtung der Sauen drang an mein Ohr.

Eine Kanzel bauen ist „angenehme" Arbeit.

Reineke schnürte flott unterhalb meiner Kanzel vorbei. Zu schnell für einen sicheren Schuss. Aber der Fuchs schaffte es, dass die schon langsam nachlassende, notwendige Aufmerksamkeit zurückkehrte.

Das Licht war ausreichend, wenn auch nicht ganz so optimal. Die Stämme und Wurzelanläufe der Bäume gaukelten mir mancherlei Trugbilder vor. Allmählich hatte ich auch mit der Müdigkeit zu kämpfen. Ein verhaltenes Gähnen, ein Blick nach rechts und... fast wäre mir der Unterkiefer mit Getöse in Richtung seines Gegenstückes geknallt. Da stand doch eine Sau! Rechts von mir, keine fünfzig Meter entfernt stand ein schwarzer Klumpen und rührte sich nicht. Ich fühlte mich beobachtet. Aus diesem Grunde nahm ich auch im Zeitlupentempo mein Glas an die Augen. Tatsächlich eine Sau. Der Stärke nach musste das mindestens ein recht starker Überläufer sein.

„Den kannst du schießen", dachte ich bei mir und legte, ohne die Sau aus den Augen zu lassen, langsam das Glas auf die Bank zurück. Genauso langsam zog ich die Büchse an meinen Körper. Etwas, nur ein klein wenig, musste ich meine Sitzstellung verändern, um in eine gute Schussposition zu gelangen. Das ging leise vonstatten und doch zog die Sau plötzlich an. Flott ging es – von mir aus gesehen – nach links in Richtung der nahen

Auch „Forstwirte" können nach getaner Arbeit feiern. Jagd ist Arbeit.

Fichten. „Das ist sogar noch besser", signalisierte mein jägerischer Instinkt. „In der nächsten Lücke schießt du"! Leider hatte ich das die Schießluken trennende Kanzelkantholz vergessen. Das dieses beim Mitziehen der Waffe nicht von seinem Platz weichen konnte, wird jedem einleuchten.

Vermutlich erschrak ich mich mehr als es die Sau tat. Nur kurz, unheimlich kurz, dauerte die Schrecksekunde bei der Sau, dann ging sie hochflüchtig ab. Ich brauchte etwas länger mit meiner Schrecksekunde. Enttäuscht, die Position nicht verändernd und regelrecht erstarrt hockte ich in meinem Erdkanzelchen. Das durfte doch nicht wahr sein. In der Nase hatte ich die Sau gehabt und fast schon im Rucksack. „Blödes...", damit meinte ich nicht die entschwundene Sau. Das war nur so für mich. Aber, gepennt ist gepennt.

Am nächsten Tag bei der Schmuckgrünwerbung fragte Alfred beiläufig: „Na, Glück gehabt?" Ich schüttelt nur den Kopf. Im Laufe des Vormittags rief er dann plötzlich: „Du, hier stinkt's nach Sauen!" Ich winkte nur lasch ab: „Nö, nö, lass man gut sein.

*

In unseren häufig überlaufenen Revieren ist die Bejagung oftmals mit erheblichen Schwierigkeiten verbunden. Spaziergänger, Jogger, Biker, Reiter, Fotografen, Frischluftfans, Hundeleute und was es da sonst noch gibt – alle nehmen ihre Bürgerrechte war und „nutzen" auf ihre Art die Natur. Gut so, wenn alles im gewissen Rahmen bleibt. Will heißen, wenn den Pflichten und natürlich auch Rechten, die der Gesetzgeber den Menschen im Umgang mit der Natur auferlegt hat, Genüge getan wird. Leider, leider sehen das einige unserer Mitmenschen völlig anders. Sie beanspruchen, wie ich meine, ihre Rechte über Gebühr und oftmals weit darüber hinaus!

Aber darüber will ich nicht berichten. Jeder, der fast täglich im Revier ist, kann ein Lied davon singen. Es gibt aber auch einige, leider zu wenige positive Begebenheiten, die man mit in der Regel harmlosen Waldbesuchern erleben kann.

An einer Wald-Feldkante hatte ich einen niedrigen Hochsitz auserkoren, der mir bei der Erlegung eines Knopfbockes bequeme Ansitzmöglichkeit gewähren sollte. Unmittelbar an der Bestandskante stehend verläuft vor dem Sitz ein Feldweg, auf dem sich abends häufig reger Betrieb entwickelt. Trotz intensiver Bemühungen zog sich die Erlegung des Jährlings letztendlich über mehrere Wochen hin. Aber er sollte zur Strecke kommen, das hatte ich mir fest vorgenommen.

Unter den vielen Menschen, die meine gut verblendete Ansitzeinrichtung passierten und mich eben deswegen selten entdeckten, befand sich ein älteres Ehepaar. Außer sich selbst führten sie ihren Langhaardackel spazieren und jedes, aber jedes im Vorbeigehen von mir notgedrungenerweise erhaschte Gespräch drehte sich ausschließlich um den kleinen Schnuftie, so hieß er wohl. Viel Neues konnte ich im Laufe der Zeit nicht mehr vernehmen, denn Alter, Gewicht einschließlich der Schwankungen desselben, Freß- und Verdauungsprobleme sowie diverse Zipperlein, die der Vierläufer durchlebte, hatte ich schon verbucht.

Es war ebenfalls nichts Neues, dass Schnuftie mit bewundernswerter Gleichmäßigkeit ungefähr zehn Meter links von meinem Sitz immer an die selbe Stelle nässte. Natürlich, nachdem er sie ausgiebig, so wie sich das für einen ordentlichen Rüden ziemt, bewindet und wiederum für gut befunden hatte. Das ging ja noch.

Sein Herrchen allerdings, vermutlich durch seinen Schnuftie angeregt, bremste stets genauso beharrlich nach wohl weiteren zehn Metern seine Schritte und nässte, galant seiner Gattin den Rücken zeigend, jedoch nicht das Gespräch unterbrechend, haargenau einen Meter neben dem aus dem Wald in das Feld führenden Wechsel. Allerdings prüfte er nicht so lange Ort und Güte der Einstandsmarkierung wie sein Hund.

Das Rehwild hat das offensichtlich nicht gestört. Warum auch, bei den vielfältigen menschlichen und tierischen Gerüchen auf diesem Weg? Die Wochen zogen dahin. Ich bekam den Bock nicht. Es war wie verhext. Mal war er zu weit, und das Anpirschen gelang nicht, dann wiederum trat er sehr spät aus, zog flott ins Feld, immer ängstlich zum Wald zurücksichernd, ob der Platzbock ihm auf den Fersen war. Dieser hatte ihm schon mehrfach die Richtung „gezeigt", wenn der Jährling einmal in den Bereich meiner Büchse gezogen war. Die folgenden Hetzjagden beendeten manche Beinahe-Erlegung somit abrupt. Es klappte nicht.

Was hingegen ordentlich klappte, war der regelmäßige Blasendrang Schnufties und seines Herrchens. Fast war es mir peinlich, wenn beide zur Tat schritten. Sie hatten mich aber noch nicht ein einziges Mal entdeckt, die ganzen Wochen über nicht. Mir wurde langsam unwohl bei der Angelegenheit. Sollte ich mich nicht doch einmal zu erkennen geben?

So beschlossen, schritt ich eines Abends zur Tat. Die gleiche Prozedur: Schnuftie war bereits fertig mit seinem Geschäft und schniefte gemütlich weiter. Nun war wie gewohnt sein Chef an der Reihe. Den Arbeitsaufwand der geplanten Aktion hatte ich wohl falsch eingeschätzt, denn als mein kräftiges, freundliches „Guten Abend" von der Kanzel in Richtung des Herren ging, war dieser doch sehr erschrocken und behende bemüht, seine Anzugsordnung wieder herzustellen. Das hatte ich nicht gewollt. Ich kam mir irgendwie mickrig vor. Gott sei Dank erwachte der gute Mann zuerst aus seiner Starre, bewegte hastig den Kopf hin und her und hatte mich endlich entdeckt.

„Sitzen Sie da schon lange?" fragte er gar nicht mal unfreundlich. „Fünf bis sechs Wochen", kam es, gar nicht so unwahr aus meinem Mund. Obwohl ich das sofort als wohl ziemlich das Dümmste zu den Akten legte, was ich jemals von mir gegeben hatte, überfiel mich ein plötzlicher Lachreiz. Losgeprustet habe ich, hemmungslos. Ich konnte einfach nicht anders. Die beiden menschlichen Wesen fielen befreit, so schien es, in mein Gelächter ein. Gott sei's gelobt. Auch Schnuftie miefwedelte zustimmend.

„Wir haben Sie doch bestimmt gestört, Sie hätten doch schon früher mal was sagen können, ist mir richtig unangenehm!" kam es freundlich von dem alten Herrn. Wie bitte? So etwas gibt es auch noch? Ich baumte ab, stellte mich vor und bekam sogleich die Identifizierung meiner Gegenüber geboten; wirklich nette Leute. Gemeinsam schlenderten wir, ich hatte mir spontan den restlichen Ansitz geschenkt, an der Waldkante entlang und tauschten neben einigen Höflichkeiten, die der Anstand verlangt, Interessantes über Wald und Wild aus.

Den Grund meiner Ansitzerei tat ich auch kund. Die beiden älteren Herrschaften waren sehr wissbegierig. Am Querweg trennte sich unser gemeinsamer Spaziergang. Vorläufig, so versprach man mir, wolle man diesen Weg nicht mehr benutzen. Ich sollte doch meinen Bock erst erlegen. Toll, nicht wahr?

Wir verabschiedeten uns, allerdings nicht, ohne vorher noch ausführlich über Schnufties Allgemeinzustand befunden zu haben.

*

Hat der normale Waldbesucher, wie wir feststellen konnten, in aller Regel keine Probleme mit seinem Blasendrang, so kann man selbst schnell einmal das Gegenteil erleben.

Da ich, bevor ich meine Ansitzeinrichtung erklimme, gern noch einmal nässen gehe, suche ich zu diesem Zweck ein Plätzchen jenseits des Weges auf. Man ist ja anständig erzogen. Manche unserer Zeitgenossen sehen das allerdings nicht so eng. Wehe dem, der seine Pirschpfadstutzen gut sichtbar schon vom Wirtschaftsweg aus anlegt. Halt dich fest Jägersmann, da kannst du was erleben. Ich habe das Gefühl, dass auf manche Waldbesucher diese Einschlüpfe geradezu eine magische Anziehung ausüben. Wenn du da nicht aufpasst, dann hast du Wittrung für lange Zeit an den Haxen. Und so richtig entspannend ist in diesem Zustand eine längere Ansitzzeit dann auch nicht mehr. Nun, denn.

Ich schnürte also, den Weg zu beiden Seiten leblos wähnend, in das Fichtenholz und war gerade dabei, die notwendigen Griffe an den Textilien vorzunehmen, um dem Bedürfnis freien Lauf zu lassen. Gerissen hat's mich! Da heizt aus dem Nichts geradezu ein vor sich hinpustender und -keuchender Mountain-Biker von rechts heran. Also, Sanitärklapperl wieder zu. Ich denke mal, er hat mich gar nicht registriert. Starr der Blick und vollgesaut von oben bis unten. Der muss wohl direkt durch den Tagebau gebikt sein. Nur dort gibt es diese graue, zähe Pampe, mit der er sich getarnt hat.

Gut. Neuanfang. Auch dieser bleibt in seinen Anfängen stecken. Von links naht eine Kohorte Jogger, die mir, als sie mich erkennen, das Viktory-Zeichen herübersenden. Soweit war ich noch nicht. Toll. Kaum verklungen sind die Trappeltöne der Jogger, da klappert und schleift es von rechts heran. Nein, nein, da kommt keine Abordnung der Weight-Watchers in der Endphase ihres Kurses daher, denen die tapezierten Knochen klappern, nein, da kommen Nordic Walker daher. Haben wir nicht wunderschöne neue Frischlufthobbys in unserem Busch? Gell! Ich fasse es nicht. Was da geklappert hat, sind die Stöcke der Walker. Soll ja gesund sein!?

Längst stehe ich nur noch in meinen Fichten und staune. Das Wasser steht mir mittlerweile bis Unterkante meiner Lichter. Man wird doch wohl ums Verrecken noch einmal Nässen können? Da schnauft es wieder heran. Diesmal ein einzelner Jogger. Weltentrückt praktiziert er einen fantastisch anzuschauenden Laufstil. Er sieht nichts, er hört nichts. In den Ohren blinkt es. Aha, Musik auf den Ohren. Das wird mir immer unbegreiflich bleiben, wie man sich in Gottes freier Natur solche Knöppe in die Lauscher stecken kann. Oder ist das nach dem letzten Wissensstand der Bewegungsfanatiker vielleicht eine Droge gegen den inneren Schweinehund? Bloß nicht schlappmachen! Er passiert meinen Stand mit verklärtem Blick. Mein Gott, ist das schön, ist das eine Haltung. Mit leicht zur Seite gehaltenem Haupt sticht er jeden Lippizaner aus. Wenn das eines dieser edlen Rösser sieht, heiratet es ein Maultier. Nein, dass ich das erleben kann. Er ist weg. Es wird Zeit.

Da ich wie gesagt auf Anstand und Sitte halte, gehe ich einiges weiter in die Fichten hinein. Nun, nun endlich muss es angehen. Doch was ist das!? Es schnauft und jankt vor mir im Haselstrauch. Ein Gaul, jetzt mal ein richtig großer Gaul mit einer richtigen Amazone oben drauf. Sie lächelt mir zu. Das sorgt dafür, dass zumindest der Dampf im Kopf entweicht.

Ich wollte ihr gerade etwas Unflätiges an den Hals schmeißen, verkneife mir das aber. „Ist das hier ein Reitweg?" flötet es vom Gaul herunter. „Nein, das ist eine Abteilungslinie, bitte sehen Sie zu, dass Sie auf dem festen Weg weiterreiten", trompete ich zurück. Sie grinst. Ich grinse. Gesagt, getan. Beide entschwinden in Richtung Weg.

Fast hatte ich mein ursprüngliches Ansinnen vergessen. Aber nun pressiert's. Ich presche auf den Weg, überfalle diesen klammen Schrittes und nehme den nächsten Brombeerdschungel an. Auf das Klapper'l. „Oma" kräht es aus dem Busch. „Komm hier her, hier sind ganz große Bromelbeeren!" Jetzt reicht's, Bromelbeeren sind das also. Ich habe die Schnauze voll und zwar bis oben hin. Dort steht auch mittlerweile das Wasser.

Zum Ansitzen bin ich aber doch noch gekommen. Nachdem ich notgedrungenerweise im Stutzen meines Pirschpfades mein Bedürfnis mit Erfolg beenden konnte, war dann auch einem längerem Aufenthalt auf der Leiter nichts mehr im Weg. Ja, so sind sie unsere Waldbesucher, unsere Jogger, Biker, Reiter, Bromelbeersucher und was weiß ich, was es da an freizeitgestaltenden Menschen noch gibt. Sind sie nicht geradezu richtungsweisend bezüglich der noch wirklich weißen Flecken in unserem Busch?

*

Guten Morgen. Diese in der Regel an sich höfliche Formulierung, um jemanden die Tageszeit zu entbieten, trägt normalerweise dazu bei, zwischenmenschliche Beziehungen, vielleicht auch an einem nicht so „Guten Morgen", zu festigen. Oder?

Aber manchmal kommt es anders.

Fritze war pensionierter Oberforstwart und hatte in unmittelbarer Nähe seiner Wohnstätte ein von seinem Umfang her nicht so genau abgegrenztes Stück Wald zur Verfügung, in dem er nach Herzenslust seiner jagdlichen Passion nachgehen konnte. Der alte Herr war noch sehr rege und fing Marder und Fuchs im Eisen, dass es eine wahre Pracht war. Doch ein solcher Erfolg kommt nicht von ungefähr.

Nicht nur, dass Fritze um die Pässe des Raubwildes wusste, nein, einen Spezialköder hatte er entwickelt und setzte diesen mit großem Erfolg ein.

Aus der nahe gelegenen Ortschaft zog es Unmengen von Katzen in den Busch. Der vorhandene und zu schützende Niederwildbesatz duldete auch aus diesem Grund keinen der Streuner im Revier, und deswegen wurden sie weitab von ihrem Zuhause scharf verfolgt. Auch Fritze tat das. Die anfallenden Katzenkerne lieferten ihm übrigens seinen Superköder.

Alte Jäger, und besonders ein alter Oberforstwart, haben für fast alles Verwendung. Da wurde kaum etwas weggeworfen. Mein Großvater erzählte mir einmal, wie begierig seine Herrschaften auf Dachsbraten waren. Haben Sie den schon mal probiert? Ich noch nicht! Mal sehen, Grimbarts Besatz lässt das ja mittlerweile wieder zu.

Zurück zu Fritzens Köder. Nein, diese wurden nicht einfach nur so verwendet. Die Kerne wurden stückweise, wenn ich recht weiß, sogar mit Zwiebeln in der Pfanne gebraten, kamen dann in verschraubbare Gläser und mussten wohl in diesem Zustand ein Weile Aroma entfalten, bis sie zum Einsatz gelangten.

Diese Braterei lief so lange am heimischen Küchenherd ab, bis die Frau von Fritze eines Tages skeptisch zu wissen begehrte, was da eigentlich in ihrer Bratpfanne brutzelte. Als sie es erfuhr, musste die Köder-Produktion sofort außerhalb der Küche stattfinden. Verständlich bei dem Köder-Verschleiß.

Ein recht starker verwilderter Kater entzog sich schon wochenlang mit großem Erfolg den Nachstellungen des jungen Jägermannes, der den Nachbarpirschbezirk von Fritze betreute. Als er dies so beiläufig erzählte, versprach Fritz, sich gleich am nächsten Morgen anzusetzen. Er wusste schon wo. Auf dem Stock am besten, und da ein wenig Schnee lag, wollte er sich auch das Schneehemd überziehen. Dann sollte es wohl klappen. Gesagt, getan.

In aller Herrgottsfrühe saß Fritz auf seinem Jagdstock, mit Schneehemd bekleidet, die einläufige Flinte auf den Knien und passte in unmittelbarer Nähe eines Forstwirtschaftsweges auf den streunenden Kater.

Nun sind solche Wege ja nicht nur, wie wir schon gehört haben, und eigentlich ihr Name vermuten lässt, für forstwirtschaftliche Zwecke zu gebrauchen. Vieles kann man auf solch einem Weg veranstalten, auch joggen. Da haben wir's wieder. Und das tat, sicher um seinen Körper zu ertüchtigen, in aller Frühe ein männliches Wesen eben auf diesem Weg, an dem unser Fritze saß.

Da der Jäger in seinem Schneehemd, mit seiner Umgebung fast verschmelzend, außerordentlich ruhig dasaß, verwundert es, dass der Jogger ihn überhaupt mitbekam. Aber er tat es. Zwar erst, als er zehn bis zwölf Gänge an ihm vorbeigehastet war, aber dann stutzte er. Langsam drehte er sich um und kam sehr zögernd näher. Da er das, was da vor ihm war, nicht identifizieren konnte.

Fritz hockte derweil ruhig auf seinen Ansitzstock. Nur seine Nasenspitze ragte aus seinem faltigen weißen Gewand. Unser Jogger zog mit langgerecktem Hals, mißtrauisch nach allen Seiten sichernd, dem Fritz immer näher auf den Balg. Bis auf wenige Schritte war er nun heran und hatte um nichts in der Welt eine Ahnung, was der weiße Klumpen da vor ihm denn wohl sein könnte. Da wurde es dem Jäger allmählich zu bunt. Ohne seine Position zu verändern, sein Gegenüber fest im Blick behaltend, entbot er diesem ein freundliches „Guten Morgen"! Eins, wie man es ohne Arg jemanden zuruft, den man kennt.

Dem entsetzten Aufschrei des Morgensportlers folgte ein olympiareifer Durchstart. Bis den Geschockten die nächste Wegbiegung verschluckte, war kein Leistungsabfall zu erkennen. Fritze, zwar etwas irritiert über solches Verhalten, blieb seelenruhig hocken und konnte gar nicht viel später seinen Köder-Lieferanten in den Rucksack stecken.

*

Wilderer – oder was!?

Karl war, als ich ihn bewusst in meinem Umfeld registrierte, sicherlich schon im siebten Lebensjahrzent. Durch Zufall kam er wegen des überaus großen Andrangs in unserer Stammkneipe neben mir zu sitzen und bekam natürlich mit, was denn Hauptthema an unserem Tisch war. Er hörte sich mit leicht gesenktem Kopf, den eine Prinz-Heinrich-Mütze schmückte, geradeausstierend und ab und zu an seiner Overstolz nuckelnd, das hochtrabende Geschwafel der um ihn herum sitzenden Grünschnäbel in aller Ruhe an.

Gesagt hat er nichts. Es war während der ganzen Zeit, die er an unserem Tisch zubrachte, keinerlei Regung bei ihm zu spüren. Obwohl die Wogen der Unterhaltung wahrlich hohe Wellen schlugen. Plötzlich stand er auf. Nach alter Sitte klopfte er mit der Faust auf den Tisch, sah nur mich an und sagte: „N' schönen Abend noch die Herren!" Unverkennbar war dabei sein Oberharzer Dialekt. Ich hielt ein wenig inne im Disput und sah ihm nach. Irgendwie hatte ich das Gefühl, dass er mir gern etwas erzählen wollte.

Bald hatte ich diese Episode vergessen, und viele Monate später am selben Ort traf ich ihn wieder. Er saß wohl schon einige Zeit bei Bier und Schnaps am runden Kneipentisch, denn im Gegensatz zu unserem letzten Zusammentreffen befand er sich in angeregtem Gespräch mit dem Wirt. „Ach", so kam es nun von ihm, „da ist ja der Herr Oberjäger. Waidmannsheil!" Etwas verwirrt, eigentlich eine seltene Gemütsanwandlung bei mir, erwiderte ich den alten Jägergruß. „Setz dich man 'n bisschen zu mir, hier kannste noch wat lernen."

Toll, auf Tricks und Tipps der alten Jäger war ich immer scharf und äußerst bemüht, den alten Herren dieselben aus dem Kreuz zu leiern. „Aber", so dachte ich, „seit wann ist denn der olle Karl Jäger?" „Ooch", kam es zur Antwort auf meine lautgedachte Frage, „Menschenskind Bengel, dat is schon hundert Jahre her!" Aha, dem Aussehen nach konnte das ja passen. Aber ansonsten? Also Grünschnabel pass auf.

Der Wirt grinste mich an: „Setz dich man zu Karl, er hat sicher eine Menge Tricks auf Lager", er zwinkerte mit dem rechten Auge,

„aber pass genau auf, das eine oder andere ist sicher nicht ganz astrein und im Sinne der Paragraphen." Na, denn man tau.

Ich hockte mich neben Karl und fragte ihn höflich, ob ich ihm ein Bier spendieren dürfte. „Klar, Menschenskind, aber so'n Lütschen auch." Mit Daumen und Zeigefinger bemaß er die Höhe des „Lütschen". Danach musste das mindestens ein Doppelter sein. Auch gut, Bier und Kutscherschluck landeten vor ihm. Er sah sich erst einmal die Getränke an, steckte sich eine neue Overstolz in den Kopf und gab Dampf. Dann sah er mich an. Lange! Mir wurde schon ganz komisch. Dann hub er an. „Pass up, dat wat ihr neulich da geschwafelt habt, ist ja alles gut und schön. Aber so richtig wat in Topf und Pfanne kriegt ihr damit nicht."

Bei allen Haupthaaren unseres St. Hubertus, die sicherlich alle steil nach oben gestanden hätten, erlebte ich einen Wilderer Info- und Ausbildungsabend, der wahrscheinlich keine Wünsche bezüglich der illegalen Wildbretbeschaffung sowie der Irreführung staatlicher und anderer Aufsichtsorgane offen ließ. Alle Wetter, ich war stark beeindruckt. Selbst wenn Karl auch viel Jäger- oder besser Wildererlatein rübergebracht hat, reichte der Rest allemal aus, mir ernsthaft Gedanken über mein Gegenüber zu machen.

Auch schwarze Wilderer kennen sich mit Schlingen aus. Hartebeest-Kuh mit bereits starken Würgestellen am Träger. Ein Fangschuss erlöste sie vor weiteren Qualen.

Von Schlingen, Netzen, Gruben, selbsthergestellten Kirrbrocken mit dem entsprechenden metallischem Inhalt a'la Wolfsangel, über Blankwaffen, selbstgebauten und manipulierten Schusswaffen war alles dabei. Völlig dem Jungjägerlehrplan bezüglich des jagdlichen Brauchtums zuwiderlaufende Wildbretbehandlung sowie dessen heimlicher Abtransport. Das Anlegen von Lagerstellen für diverses Wildererutensil im Busch und „Ablenkfütterungen" für das Jagdaufsichtspersonal.

Mir blieb die Luft weg. Ich war nass an Haupt und Rücken. „Aber", so grinste er mich nach fast zwei Stunden an, „ich harre immer wat in der Pfanne!" Ja, wenn der gute Karl noch das Auto gehabt hätte, durchfuhr es mich, das wäre ja kaum auszudenken gewesen. Betonen muss man noch, dass ein großer Teil von Karls Aktivitäten während des Krieges stattgefunden hat. Zu vermuten ist jedoch, dass er dieser illegalen Freizeitbeschäftigung auch davor und danach nachgegangen ist. Egal. Auf Nachfrage diesbezüglich sah er mich an wie eine Ente, die ins Gewitter guckt. Von weiteren Nachforschungen nahm ich umgehend Abstand.

„Siehste wohl", schloss Karl, „so ist das mit dem Jagen. Oder was?!" „Oder was Karl", war das Einzige, was mir dazu im Moment noch einfiel. „Und wenn de mir nu noch ein und ein spendierst, erzähle ich dir noch, wie man glatt Weihnachtsbäume besorgt." Seine nunmehr von Bier und Schnaps leicht eingetrübten Lichter fixierten mich lauernd. „Nee, Karl, lass man!" Vielleicht hätte ich die Zeit doch noch opfern sollen? Seinerzeit war ich stark in das Weihnachtsbaumgeschäft unserer Försterei eingebunden. Und immer wieder gab es auch in dieser Zeit noch dreiste Diebstähle.

Mir Grünschnabel reichte es an diesem Abend. Karl grinste nur, der Kneiper übrigens auch, als ich ade sagte und nach Hause schnürte. Meine Jungjägerseele hatte doch eine gewaltige Erschütterung erlebt bei der Schilderung des ollen Karls über soviel ungesetzlichen jagdlichen Handelns.

Und noch etwas hatte Ernüchterung erfahren. Mein höchstpersönliches Bild vom Outfit eines Wilderers. Hatte ich bislang durch von kleinauf inhalierte Lektüre den heldenhaften von der Volksseele geliebten, da der Obrigkeit trotzenden hünenhaften Alpenländler vor mir, der adlernasig mit wildem Haupt- und Barthaar am Rande eines Abgrundes mit stechendem Blick weit in die Berge schaute, dabei in der Rechten den unfehlbaren Stutzen und in der Linken den gewilderten Gams an der Krucke hielt; dieses Traumbild hatte sich erledigt. Futsch! Gell!? Vor mir hatte ein mickriges Kerlchen gesessen. Zwar offensichtlich Profi, aber höchstens einhundertfünfundsechzig Zentimeter groß mit schütterem Haupthaar, ständig an seiner Overstolz nuckelnd, nach Bier und Schnaps stinkend, ein Kreuz wie ein Päckchen Persil hochkant und wenn es gut ging, wog er sechzig Kilo aufgebrochen. Nee!! Mein Idealbild von einem gestandenen Wilderer war hinüber. Jeder anständige Jäger muss sich ja irgendwann einmal mit der Wilderer-Romantik auseinandersetzen. Mein Teil diesbezüglich war hiermit erledigt. Unabhängig davon, das darf man nicht außer Acht lassen, sind diese Menschen nun einmal bei bestehendem Recht Straftäter. Doch ich bin sicher, dass permanentes, schmerzendes Zwicken im Magen andere Gesetzestexte schreibt.

Bei meinem nachhaltigen Grübeln nach diesem Abend kamen mir Episoden aus der Kinderzeit in den Sinn. Ich forschte nach und musste nunmehr erkennen, dass ich ja schon in frühester Jugend mit diesem oder jenem Freischütz Kontakt hatte. Dieser, von dem

Jeder anständige Jäger muss sich ja irgendwann einmal mit der Wilderer-Romantik auseinandersetzen!?

nun die Rede ist, ist seit frühester Kindeszeit in meinem Gedächtnis. Es war unser lieber alter Tierdoktor, der nur der praktische Lui, eine liebevolle Anspielung auf seine Vielseitigkeit, vom gesamten Dorf genannt wurde. Bei ihm habe ich immer die im Warteraum ausgelegten Jagdzeitschriften studiert, wenn ich mit Großvater bei ihm war, um Medizin für die Schafe zu holen. Er hat das lächelnd registriert.

Zigmal musste er die Erlegungsgeschichte von dem Karpaten-Bären erzählen, der präpariert aufrechtstehend im Vorflur stand. Das war doch was. Die Luft knisterte jedesmal, wenn der alte Doc erzählte, bevor der erlösende Schuss fiel. Und das, obwohl ich wie bereits erwähnt, die Erlegungsgeschichte schon viele, viele Male gehört hatte. Es war klar für mich, dass so ein Riesenbär auch meine Jägerbude einmal schmücken musste. Bislang habe ich keinen Petz erlegt. Einmal war ich kurz davor, nach Nordamerika zu reisen. Aber, vielleicht klappt es ja noch einmal. Reizen würde es mich schon. Zurück zum praktischen Lui. Er half nicht nur dem Vieh. Nein, auch kleinere Malheure bei den Zweibeinern behob er nebenbei. Kaum eine Dorfgöre, die nicht mindestens einmal mit einem Wehwehchen bei ihm war. Oder gar einem wackligen Milchzahn. Eine Dorfhonoration ersten Ranges war er. Das war klar. Klar war auch, dass der Doc während der Besatzungszeit mit der .22 lang seine Rehböcke und anderes Getier nach Hause brachte. Das war damals illegal und hochgradig lebensbedrohend. Die Besatzungsmacht hatte die Todesstrafe für illegalen Waffenbesitz ausgeschrieben. Aber als altgedienter Offizier des ersten großen Krieges kannte er sicher einige Tricks, um auch plötzlich auftauchenden Tommy-Streifen aus dem Weg zu gehen. Nun denn.

Ich glaube, dass diese Fleischrationen, die er nach Haus brachte, vielen Dorfbewohnern geholfen haben. Ist so etwas schlimm?

Mir ist es bis zum heutigen Tag gottlob erspart geblieben, mit einem der Selbstversorger in Sachen Wild aneinander zu geraten. Ich bin nicht böse darüber. Es gibt, wie man immer wieder den Medien entnehmen kann, auch heute noch schlimme Zusammenstöße zwischen Jägern und Wilderern. Auch heutzutage sind dabei Tote zu beklagen. Den Jetztzeitwilderer bewegen in aller Regel sicher andere Gründe, sein schmutziges Handwerk auszuüben.

Bei ihm ist es nicht der Hunger, der quält! Es ist die verderbliche, krankhafte Vision, unter zweifelhaften Umständen Herr über Leben und Tod zu spielen. Trophäen interessieren selten. Wildbret noch weniger. Obwohl es natürlich den einen oder anderen „kommerziell" ausgerichteten Halunken gibt. Krankes Wild wird produziert und muss elend verenden. Das interessiert diese Kategorie Mensch nicht. Ihr geht es nur um Schuss und die Genugtuung, das selten im Feuer liegende Stück krank abgehen zu sehen. Hauptsache getroffen. Egal wo!

Das ist der Unterschied zu dem Menschen, der in rechtlosen Zeiten seinen und den Hunger seiner Mitmenschen zu stillen versucht.

*

Guddi. Eigentlich hieß er Gustav und war seines Zeichens Landarbeiter. Ursprünglich, so hatte er nicht nur mir einmal erzählt, wollte er Pastor werden. Seine rhetorischen Fähigkeiten hätten sicher dazu ausgereicht. Es muss also andere Gründe gegeben haben, die das Theologie-Studium nicht ermöglichten. Dennoch war Guddi so etwas wie der Philosoph im Raiffeisen-Smoking in unserem Dorf. Will sagen, dass dieser immer freundliche und hilfsbereite Mensch neben seiner sicherlich schweren Arbeit noch genug Muße fand, sich mit der ihm zusagenden Literatur zu befassen, um auch von Fall zu Fall darüber bei allen möglichen und unmöglichen Gelegenheiten zu referieren. Nun ja.

Ich hatte einen Tag vor meiner Kaufmannsgehilfenprüfung den lieben langen Tag über den Büchern verbracht und brauchte unbedingt eine ordentliche Portion frische Luft. So ließ ich die Bücher sausen und trabte in Richtung unserer hinter dem Dorfrand stehenden Kopfweiden, um einmal nachzuschauen, ob denn die Stockenten wiederum ihre alten Brutplätze bezogen hatten.

Neben den Weiden verlief ein ehemaliger Entsorgungsgraben der Dorfgemeinschaft, der mittlerweile aus den Abwässern des nahen Stahlwerkes gespeist wurde. Das waren jedoch geringe Mengen. Und der Graben war zum großen Teil verlandet. Bei den Dorfgören hieß dieser Graben „Moddergraben". Wem die Entstehung dieses Namens Kopfschmerzen bereitete, wusste es spätestens dann genau, wenn er einmal mit der Kloake Bekanntschaft gemacht hatte.

Körper- und Textilreinigung bedurften großen und nachhaltigen Aufwandes, um den bestialischen Gestank loszuwerden.

Die Stockenten haben sich an der Qualität des Rinnsals nie gestört. Schon von einiger Entfernung konnte ich sehen, dass bei einen Teil der Weiden auch in diesem Jahr die ausladenden Überhänge, die in den angrenzenden Acker ragten, eingekürzt waren. Im großen Haufen lagen sie auf dem Acker, und irgend jemand war dabei, die Zweige zu verbrennen. Das noch nicht grüne Holz qualmte gewaltig, und eine riesige Wolke stieg zum Himmel. Als ich näher am Ort des Geschehens war, erkannte ich meinen alten Freund Guddi. „Na, mein Junge", rief er schon von weitem, „wat machst du denne hier?" „Ich habe den ganzen Tag für meine Prüfung gepaukt und muss mir nun den Wind ein bisschen um die Nase pfeifen lassen", antwortete ich dem Landmann. „Na, dann komm man mal her und setz dich zu mir. Ich wollte sowieso Vesper machen. Magst du ein Rotwurstbrot?" Er hielt mir eine gewaltige, doppelte Rotwurstknifte entgegen. Da konnte ich natürlich nicht nein sagen. Wo schmeckt so ein Ranken besser als unter freiem Himmel?

Er wollte alles über die anstehende Prüfung wissen, und nachdem ich ihm erschöpfende Auskunft gegeben hatte, wünschte er mir für meinen Prüfungstag das Allerbeste. Ich solle man alles in Ruhe angehen, dann würde das schon klappen.

Wir hatten uns kauenderweise die neuesten Dorfgeschichten erzählt, und ich fragte ihn ganz nebenbei nach den Stockenten in den Kopfweiden. „Na klar, die brüten da oben wieder. Habe sie die letzten Tage schon oft gesehen. Da, in der dicken Weide, kannst ja mal hochklettern, da muss die Ente wohl schon sitzen". Guddi wußte Bescheid.

Ich erklomm die Weide. Tatsächlich saß die Ente auf dem Gelege und ließ sich auch durch meine Kletterei nicht stören. „Na, wieviel Eier hat sie liegen?" begehrte Gustav nun zu wissen, nachdem ich wieder bei ihm angelangt war. „Keine Ahnung", gab ich zurück, „sie sitzt drauf und ich wollte sie nicht stören." „Ach wat Junge", Guddi grinste mich an, „wat meinst du wie gut man mit Enteneiern Kuchen backen kann. Ansonsten sind sie nicht so gut im Geschmack, aber für Pottkuchen reichen sie allemal."

Ich war baff: „Sag bloß, du nimmst die Entengelege aus?" „Na klar, dat erste Gelege ist meins, die Olsche legt doch noch mal. Soll ich dir mal ein paar Enteneier vorbeibringen?" „Nee Onkel Gustav, lass man gut sein, wir haben genug Eier von unserem Federvieh."

Nachdem wir uns noch brüderlich eine moddergrabengekühlte Flasche Bier geteilt hatten, verließ ich diesen lieben Mann. Gestärkt durch die Gewissheit, dass unsere ländliche Bevölkerung im Umgang mit der Natur und dem, was darinnen kreucht und fleucht, gut und sorgsam umzugehen verstand. Der Ausflug hatte sich für mich rentiert. Guddi's Wünsche haben geholfen. Die Prüfung am nächsten Tag lief wie geschmiert.

*

Schüsseltreiben und andere Letztendlichkeiten

Das Schüsseltreiben ist bekanntlich das letzte Treiben eines Jagdtages. Es soll die Jagdgemeinschaft bei Speis und Trank in geselliger Runde zusammenführen, um Erlebtes nachzuarbeiten. Aber auch, um dem Schützen, der an diesem Tag den tiefsten Schluck aus Dianas Krug machen durfte, zum Jagdkönig zu küren.

Vor etlichen Jahren gab es, oder es gibt sie vielleicht hier und dort auch heute noch, die sogenannten Jagdgerichte. Dabei wurden die Waidgesellen, denen im Laufe des Jagdtages ein Missgeschick unterlaufen war, angeklagt und verurteilt. Das konnte, wenn es nicht zu intensiv gehändelt wurde, recht lustig sein. Die betreffende Person musste sich dann in aller Regel mit diversen Flüssigkeiten vor drohender Schmach freikaufen. So weit, so gut.

Mein lieber Freund Wolf-Dieter hat da kürzlich eine vollkommen neue Art der Verurteilung jagdlicher Sünden kreiert. Er war Ankläger, Verteidiger und Richter in Personalunion. Und er nahm am Ende der Verhandlung die verhängte Strafe auf sich. Tolle Sache! Dies alles ist dem gestandenen Rechtsanwalt und Notar bis auf Letztgenanntes sicher nicht schwer gefallen. Könnte man meinen. Aber, er hat das gelöst.

Er klagte die Übeltäter in aller Schärfe an, zeigte väterlich bemüht potentielle Strafmilderungsgründe auf und verdonnerte letztendlich konsequent die Sünder. Und jetzt, ja jetzt kam der Clou. Die gesamte Korona, die gespannt seinen Plädoyers gefolgt war, geierte nun auf den verkündeten Strafvollzug.

Für jeden Sündenfall stürzte sich Wolf-Dieter mit den Worten: „Ich bestrafe dich wegen…!" einen großen Schnaps hinter die Binde. Ungläubiges Staunen bei den Sündern. Rauschender Beifall vom Rest der Meute. Habe ich noch nie gesehen, dass der Jagdherr die Strafe auf sich nimmt.

An diesem Abend waren es nur drei Delikte, die abgehandelt und vollstreckt werden mussten. Ich bin mir vollkommen sicher, dass Wolf-Dieter bei einem Vielfachen der zum Vollzug zu bringenden Urteile umdisponiert hätte. Zurück zum Jagdkönig.

Der gekürte Jagdkönig hat die vornehme Aufgabe, den Dank der gesamten Jagdgesellschaft für gewährte Gastfreundschaft dem

Jagdherren zu übermitteln. Insbesondere wird natürlich den fleißigen Händen in Küche und Keller gedankt, den Treibern, den Hundeleuten und diverse andere Helfer nicht zu vergessen, die allesamt einen reibungslosen Ablauf eines Jagdtages erst ermöglichen.

Ich habe da schon die tollsten Reden gehört und habe in dreißig Jahren aktiver jagdlicher Betätigung dreimal das Amt des Jagdkönigs inne gehabt. Das ist, so glaube ich, ein vertretbarer Schnitt? Nun fällt es mir persönlich nicht schwer, meiner Majestätenpflicht nachzukommen. Manch braver Jägersmann jedoch, der mit Büchse und Flinte umgehen kann, dass man den Hut vor ihm ziehen muss, bekommt ums Verrecken keine Königsrede auf den Tisch. Das ist nicht schlimm, und die Jagdgesellschaft, die dann lästert, soll sich in die Ecke stellen. Die kürzeste Jagdrede, die mir einmal zu Ohren gekommen ist, war ein hastig ausgestoßenes „Horrido, Horrido, Horrido! Prost!" Saugut, oder? Auch das hat gereicht, um den restlichen Abend zu retten. Siehste wohl, so einfach ist das.

> „*Wer nach frohverlebter Jagd*
> *schleunigst aus dem Staub sich macht,*
> *immer nach dem Fahrplan guckt,*
> *weil 's ihm in den Ständern zuckt;*
> *wer für 's Schüsseltreiben dankt,*
> *weil ihm sonst die Mama zankt,*
> *wenn er käm zu spät nach Haus*
> *oder zuviel Geld gäb aus:*
> *der ist kein Jäger net*
> *und auch kein Heger net,*
> *und prahlt er noch so groß,*
> *'s is mit ihm doch nichts los!"*

So steht es im alten Blase. Genau das ist es. Der alte Jägerspruch bringt die Sache auf den Punkt. Nach meiner Auffassung ist es unhöflich dem Jagdherren gegenüber, dem Schüsseltreiben fernzubleiben. Natürlich gibt es immer einmal einen triftigen Grund, der das Verbleiben in geselliger Runde nicht möglich macht. Sicher sind das nicht sehr viele?! Wenn aber der Jägersmann mit fadenscheinigen Ausflüchten die Platte putzt oder sich gar ohne jegliche Wortmeldung empfiehlt, so ist das starker Tobak.

Schüsseltreiben, das Ende eines schönen Jagdtages.

Wenn möglich, müssen diese Personen bei der nächsten Planung dementsprechend berücksichtigt werden. Für mich ist die Teilnahme am Schüsseltreiben Ehrenpflicht meinem Gastgeber gegenüber. Nicht mehr dabei zu sein am Abschluss eines Jagdtages, wäre mir ein Greuel.

*

Pietie's Deutschlandaufenthalt ging in rasantem Tempo seinem Ende entgegen. Wir hatten in den vergangenen Tagen intensiv nach einem passenden Rehbock der Altersklasse spekuliert. Den sollte sich Pietie unbedingt noch mit in die Heimat nehmen. Nachdem alles Bemühen in meinem Pirschbezirk nichts brachte, versuchten wir unser Glück im Nachbarbezirk. Der Förster gab uns freundlicherweise grünes Licht für diesen Bereich.

Auf einer Heimfahrt nach einem wieder vergeblichen Morgenansitz sahen wir vom Weg aus einen passablen, gut lauscherhoch aufhabenden Sechserbock. Der Bock hielt den Wagen auf ungefähr fünfzig Metern aus, ohne scheinbar Notiz davon zu nehmen. Obwohl wir uns an diesem Morgen den Bock intensiv anschauten, konnten wir keine offensichtlichen Merkmale für sein Verhalten feststellen. Erst nachdem wir uns an einem Querweg abbiegend an seiner linken Seite präsentierten, warf er auf und zog flott tiefer in den Bestand. Diesem Bock sollte es gelten.

Eine in der Nähe unseres Zusammentreffens stehende Ansitzleiter bot sich für den Abendansitz, zwei Tage vor Pietie's Heimreise, an. Ich wollte auf einer im Altholz stehenden Leiter ansitzen und Pietie, falls bei mir etwas Passendes in Anblick kam, zu meinem Sitz lancieren. Wir trennten uns am Auto, und ich empfahl ihm, auf dem Weg zur Leiter den Altholzrand mit seinen Brombeerhecken genauestens in Augenschein zu nehmen, da hier schon häufig das Rehwild früh zur Äsung zieht. Ein Waidmannsheil, und ein jeder marschierte in seine Richtung.

Vorsichtig pirschte ich durch das Altholz auf meine Leiter zu und hatte just die zweite Sprosse erklommen, als es aus Pietie's Richtung knallte. Habe ich mich erschrocken! Was war das denn nun? Sekunden später hatte ich Gewissheit. Im meinem Handy jauchzte Pietie's Stimme: „Kannst kommen, Bock tot!" Na, das war ja doll. Zügig marschierte ich zum Auto und fuhr zu dem glücklichen Jäger.

Meinem Rat folgend hatte Pietie beim Angehen den Altholzrand sorgfältig beobachtet. Und siehe da – keine zwanzig Meter am Rande einer Brombeerhecke hatte sich der Bock niedergetan. Doch er bekam etwas mit und war umgehend auf den Läufen. Der Bock sicherte aber nicht in Pietie's Richtung. Als er eben im Begriff

Pieties vorläufig letzter Rehbock in Deutschland.

war, sich in Bewegung zu setzen, erfasste ihn die Kugel und ließ ihn in der Fährte verenden. Das war die kurze Geschichte, die aus dem glücklichen Jäger heraussprudelte. Der Junge strahlte, wie es schöner die Morgensonne nicht gekonnt hätte.

Nun entdeckten wir, nachdem wir den Bock versorgt hatten, dass er auf dem rechten Licht blind war. Daher sein eigenartiges Verhalten am Morgen unserer ersten Begegnung und am heutigen Abend. Für Pietie war es der vorläufig letzte Rehbock in Deutschland. Dass ihm die Erlegung nur einige Stunden vor seiner Heimreise gelungen war, sichert diesem Bock gewiss einen besonderen Stellenwert.

*

Jahrelang bin ich achtlos an ihm vorbeigegangen, vorbeigelaufen, auf ihm gelaufen, ohne mir auch nur einen Gedanken an sein mittlerweile doch recht kurzes Dasein zu verschwenden. Für nächtliche Ansitze auf Sauen habe ich ihn des öfteren schon einmal in Anspruch genommen, jedoch mehr unbewusst: den Stoppelacker.

Kürzlich allerdings, ich wollte zu einem Rübenschlag, um nachzuschauen, ob die Sauen des Nachts in das Feld gezogen waren und Schaden fabriziert hatten, überquerte ich wieder einmal einen Stoppelacker.

Die ersten Meter war ich mit meinen Gedanken noch ganz bei den Sauen – aber dann! Urplötzlich registrierte ich das Geräusch, das meine Schritte in den Stoppeln erzeugte, bewusst blieb ich stehen. Wie lange hast du das nicht gehört? Stoppeläcker waren in unserer Jugendzeit ein häufig genutztes Betätigungsfeld für uns Dorfkinder, ein fester Bestandteil unserer Freizeit im Jahresablauf. Langsam setzte ich wieder Schritt vor Schritt, um meinen wachsenden Erinnerungen den rechten „Background", so sagt man wohl, zu geben.

Das, was heute nach dem letzten Abtanken des Mähdrescherbunkers stehen bleibt, wird meistens schon kurze Zeit danach mit der Scheibenegge oder ähnlichen Geräten seiner Form beraubt. Vor etlichen Jahren blieb die Stoppel über einen längeren Zeitraum unbearbeitet liegen. Der Maschineneinsatz war noch nicht so intensiv, und in der Landwirtschaft war noch ein anderer Rhythmus aktuell.

Das wohl Interessanteste, weil auch lukrativ, war das Erkunden der damals noch reichlich vorhandenen Hamsterbaue. Darf man heute eigentlich nicht erzählen, ohne Gefahr zu laufen, sich die Missgunst unserer „Allschützer-Gesellschaft" zuzuziehen. Aber es war nun einmal so. Richtige Einschläge haben wir auf den Äckern gemacht, um an den Vorrat der kleinen, tapferen Feldbewohner zu gelangen. Immer mit Einverständnis des Bauern, dem das Feld gehörte. Das war klar. Genauso klar war es, den Einschlag wieder einzuebnen. Wo das nicht geschah, hat es manch bösen Unfall gegeben. Mancher Hamster ließ bei diesen Aktionen sein Leben. Die Bauern waren allerdings nach damals geltender Meinung über jeden toten Hamster als unnützen Mitesser froh. Das erbeutete Getreide kam unseren eigenen Eierlieferanten zugute. Die Mengen war oftmals nicht unerheblich.

Wenn im September die Hühnerjagd aufging, wurde das Durchqueren der Rübenschläge im Laufe des Tages auch für uns jagdinteressierte Bengels, wenn wir mitdurften, immer beschwerlicher. Was war es da für eine Wohltat, wenn man Stoppeln unter den Stiefeln verspürte und die Sohlen einer Intensivreinigung einfach beim Durchgehen unterziehen konnte. Ich glaube, auch die Hunde waren für kurze Abstecher in die Stoppel dankbar.

Bei der Kartoffelernte, wenn das Schuhwerk bei nassem Boden links und rechts jeweils einen Morgen schwer war, gab es schnelle Erleichterung, wenn man mit den eisenschweren Botten einen Reinigungsgang durch die Halme machte.

Kartoffelernte! Wer kennt noch den Geruch des brennenden Kartoffelkrautes, der über die Felder zog, den Geruch und Geschmack der an einem angespitzten Knüppel gegarten Kartoffeln? Bei diesem Gedanken hielt ich kurz inne, schloss die Augen, und mir waren die schwelenden Kartoffelkrautfeuer wieder gegenwärtig. Auch meinte ich den Geschmack der meistens leicht verkohlten Erdfrüchte auf der Zunge zu verspüren. Tja, wenn derzeit eine Grillwurst ankokelt, fliegt sie als gefährliche, krebserregende Sache in den Mülleimer.

Irgendetwas fehlte plötzlich, behinderte die nostalgischen Erinnerungen. Das Geräusch der Schuhe in den Stoppeln fehlte. Ich ging weiter. Fast am Ende meiner Erinnerungen, da nur noch wenige Meter Stoppeln bis zu den Rüben vor mir lagen, fiel mir noch unsere Lieblingsbeschäftigung der Herbstzeit ein, die untrennbar mit dem

Vorhandensein von Stoppelfeldern verbunden war: Drachensteigen! Diese stundenlange Beschäftigung mit unseren selbstverständlich selbst gebastelten Drachen war ein nicht wegzudenkender Bestandteil unserer kindlichen Freizeitbeschäftigung. War das eine Lust bei gutem Wind.

Manch instinktiv rückwärts getätigte Schritte, um den Drachen im Wind zu halten, endeten auf dem Hosenboden, und bei unglücklicher Landung auf demselben konnten die kurzen Stoppeln schon einmal kurzfristige Pein bereiten.

Das Singen der Stoppeln unter meinen Schritten war zu Ende. Ich war am Rübenschlag angelangt. Waren die Sauen hier? Hier nichts, da nichts, aber dort – die verdammten Biester hatten frische Fährten und rausgeschmissene Rüben hinterlassen. Dabei waren die Rüben teilweise nur angefressen worden. Nur Blödsinn hatten sie im Kopf. Ich musste also heute Nacht raus.

Bis heute Abend werden die Stoppeln ja wohl hoffentlich bleiben und – gemeinsam mit dem schon halben Mond – ein ordentliches Ansprechen erlauben. Schön, so ein Stoppelacker.

*

Genauso wie das Schüsseltreiben der Abschluss eines jagdliches Ereignisses ist, so ist der Verzicht auf die eine oder andere Beute ebenfalls etwas, zumindest zu dem jeweiligen Zeitpunkt, Abschließendes, etwas Endgültiges.

Gemeinsam mit meiner Frau und unserem afrikanischen Freund Pietie hatten wir uns von der Pad kommend in einen großen Dornenbuschkomplex begeben. Der Busch war an manchen Stellen so dicht, dass wir bei unserer Pirsch ein paar Mal bis auf wenige Meter an Oryxantilopen kamen, ohne die ja eigentlich auffällig gezeichneten Antilopen vorher erkannt zu haben. Man kann im Dornenbusch immer wieder feststellen, dass auch die größeren Antilopen wie Kudu, Oryx und Hartebeest, ja sogar das riesige Eland, vollkommen mit ihrer Umgebung verschmelzen. Faszinierend, wenn dann einige Schritte weiter ein riesiger Kudubulle mit meterweiten Sätzen hochflüchtig abgeht.

Wir waren jedoch einer großen Hartebeest-Herde auf den Fersen. In dieser Herde befand sich ein kapitaler Bulle, der unsere Aufmerksamkeit erregt hatte, als die Herde die Pad überfiel. Zwar hatte ich schon einen guten Bullen erlegt, jedoch dieses Stück musste ich mir noch einmal anschauen.

Im Zeitlupentempo pirschten wir hinter unserem Führer durch den Busch. Immer wieder an den netten „wait a little bit" – Dornen hängenbleibend. Es war absolut still ringsrum. Nach weiteren fünfzig Metern ging Pietie in die Knie. Sogleich gingen auch wir in die Hocke. Er deutete nickend nach vorn: „Da vorn sind die Hartebeester, keine fünfzig Schritt, man muss genau hinschauen." Tatsächlich, da sahen wir die Bewegungen einiger Hartebeester. Das war gut so, sie hatten also keinen Wind von uns. „Wir müssen weiter", flüsterte Pietie, „da vorn wird es etwas lückiger, vielleicht sehen wir dort den Bullen." Gesagt, getan.

Auf allen Vieren, meine Büchse langsam hinter mir herziehend, kamen wir Meter für Meter näher an die Herde. Pietie deutete einen Stop an und richtete sich langsam auf den Knien auf. Nach einigen Sekunden deutete sein Handzeichen an, dass ich neben ihm Platz nehmen sollte. Langsam kam ich seiner Aufforderung nach. Ja, jetzt konnten wir das Treiben der Herde gut einsehen. Kälber tollten herum, ältere Stücke schienen im Stehen zu dösen und zur Linken... ja, da lag unser Bulle und hielt Siesta. Donnerwetter, welch kapitaler Bulle! „Warte bis er wieder steht, dann hältst du

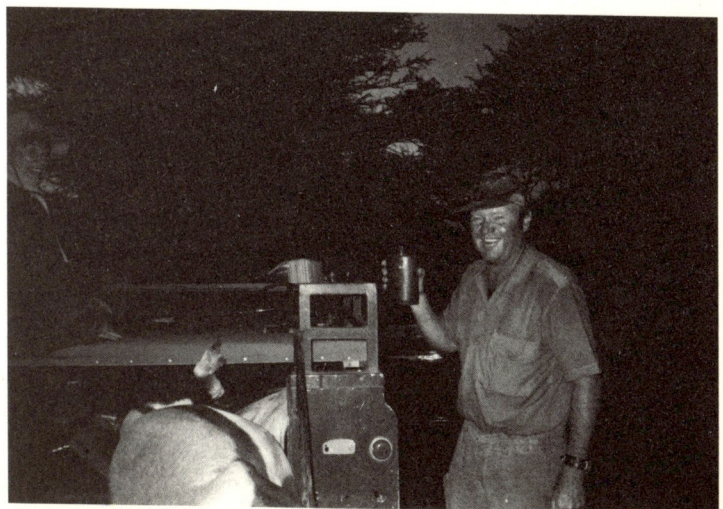

Afrikanisches „tottrinken".

Hier wird ein afrikanisches „Schüsseltreiben" vorbereitet: Potjiekos.

aufs Blatt", raunte mir Pietie zu. Jedoch, das wollte ich gar nicht mehr. Nur, wie sag ich's meinem Pietie? Er machte große Augen, als ich die Büchse mit der Video-Kamera tauschte, um das noch nie gesehene und erlebte Treiben der Hartebeester zu filmen.

Ich habe ihm dann gesagt, dass ich zu diesem Zeitpunkt den Bullen nicht erlegen möchte. Er hat das zwar bedauert und auch noch ein paar Mal versucht, mich anzukirren, aber mein Entschluss stand fest. Irgendwann löste sich der Herdenverband vor uns auf und entschwand unseren Blicken. Mit dem Bullen.

*

Es war ein Sauwetter im wahrsten Sinne des Wortes. Die Regenböen standen mit dem zum Sturm beförderten Wind in Konkurrenz, wenn es darum ging, das letzte Laub von den Bäumen zu holen. Nee, nee, das ist Grogwetter. Ab nach Haus und Bude zu.

Ich stand in einem Buchenaltholz, in dem ich an einer Suhle nach frischen Saufährten Ausschau gehalten hatte, als mir diese Erkenntnis Antrieb genug war, den geplanten Abendansitz ersatzlos zu streichen. Bis zum Vollmond war es nicht mehr lange hin, und an eben erwähnter Suhle stand wiederum die starke Saufährte im Schlamm der Suhle. Sicher stammte sie von dem Keiler, den ich im Laufe des Sommers schon einige Male im Suhlenbereich in Anblick hatte. Nie konnte ich mich zum Schuss entschließen. „Vielleicht ist es dein Lebenskeiler", flüsterte dann immer der für den rechten Schießfinger zuständige Teil meines Denkkastens. „Ach was" sagte dann der Teil, der für das Abwägen zuständig ist, „lass ihn weiterziehen, schau ihn dir demnächst noch einmal genau an. Du hast noch keine Eile." Bei Sauen ist das so eine Sache mit dem Wiedersehen. Trotz allem, letzterer Teil hatte bislang immer gewonnen. Doch jetzt, kurz vor Beginn der Drückjagden, wollte ich mir den Keiler noch einmal anschauen und... vielleicht sollte er dann auch zur Strecke kommen. Vorausgesetzt, er gab mir die Ehre.

Bislang war die Suhle nur unregelmäßig angenommen, und meine Hoffnung, ihn hier anzutreffen, war nicht sehr groß. Doch für heute war der Ansitz eh gestrichen. Also Keiler, bis demnächst! Ich durcheilte flotten Schrittes das rauschende Altholz, saß bald am heimischen Herd und fand, dass das unter den gegebenen Umständen nicht das Schlechteste war.

Zwei Tage später war das Wetter wieder im Lot, und der fast volle Mond würde, wenn es denn wolkenfrei bliebe, sicher gutes Licht spenden. Ich freute mich auf den Ansitz. Eine Stunde vor Dunkelheit saß ich auf der Leiter und richtete mich für den Abend ein. An der Suhle waren keine frischen Aktivitäten der Sauen zu erkennen. Nun gut, das muss ja nicht unbedingt für alle Zeiten gelten.

Nach zwei Stunden, in denen ich lediglich eine Ricke mit ihrem starken Bockkitz in Anblick bekam, kroch allmählich das Mondlicht durch die Stämme und beleuchtete immer stärker die Szenerie. Mittlerweile war auch der anfangs noch leichte Wind kaum noch zu spüren. Herrliches Wetter! Immer heller wurde es vor meinem Ansitzplatz. Da, Reineke schnürte von halblinks auf die Suhle zu. Bedächtig und äußerst intensiv bewindete der Fuchs den alten Stucken, den sich die Sauen zum Malbaum erkoren hatten. Ob er wohl ergründen wollte, wer der Urheber der letzten Schwartenpflegeaktion gewesen war? Wenn es denn so war, so muss ihm schlagartig die Erkenntnis gekommen sein, dass es sich um keinen Geringen der schwarzen Sippe gehandelt hat. Urplötzlich und ohne Vorwarnung ging Reineke hochflüchtig ab. Sieh an, da passiert gleich etwas. Vorsichtig legte ich schon mal die Büchse auf die Knie und ließ den Blick ringsum schweifen. Kein Knacken, kein

Geräusch von ziehendem Wild. Reineke muss sich bei seiner Malbaumanalyse wohl über etwas anderes entsetzt haben. Die nächste Stunde jedenfalls blieb alles ruhig im Bereich der Suhle.

Das ist dann irgendwann der Punkt, an dem ich schon mal zur Uhr schiele, um die Stunden bis zum morgendlichen Wecken zu ergründen. Auch dieses Mal blieb nicht mehr viel Zeit, um sich den Träumen hinzugeben. Sei's drum! Noch ein Viertelstündchen geben wir zu, dann soll Schluss für heute sein.

Manchmal bin ich recht beeindruckt, wie das erhoffte Wild diese gedanklichen Zeitspiele zu erahnen scheint. So war das auch heute Abend. Just hatte ich mein Sitzkissen eingerollt, Fernglas und Büchse umgehängt, als es laut und vernehmlich in der Verjüngung knackte. Kommando zurück. Leise, leise. Kaum, dass ich meinen Spiegel wieder auf dem Sitzbrett und die Büchse über die Schießleiste lanciert hatte, stand eine starke Sau hinter der Suhle und zog hörbar Luft ein. Deibel noch einmal, der Keiler! Das Glas zeigte mir ein imponierendes Stück Schwarzwild. Ganz eindeutig handelte es sich um meinen Bekannten aus der Sommerzeit. Nun ging das Stück, ohne große Umstände zu machen, in die Suhle und es planschte und pappte, dass es eine Pracht war. Wohliges Grunzen und intensives Ausnutzen des gesamten Suhlenbereiches zeugten von hoher Zufriedenheit und gelebtem Genuss. Ist solch Erleben nicht einfach schön? Augen auf, Mund auf, da kannst du stundenlang zuschauen.

Jedoch, genau so schnell, wie der Keiler seine Suhlenaktivitäten begonnen hatte, beendete er sie auch. Ruckzuck stand der Basse am alten Stucken und malträtierte das alte Stück Eiche, dass ich meinte, er müsste es zu Kleinholz verarbeiten.

Einmal, während dieser Aktion, hatte ich die Hand an der Büchse. Dann entschied ich, das vor mir ablaufende Schauspiel genießend, zu Gunsten des Keilers. Er hat das sicher gemerkt. Nach knapp fünf Minuten war alles vorbei und ruhig nahm der Keiler die Verjüngung an. Es knackte noch ein paar Mal. Dann war er entschwunden. Ich habe solche Begegnungen mit starken Keilern schon öfter erlebt. In solchen Augenblicken scheint die Zeit stehenzubleiben. Die Luft ringsum knistert förmlich, fasziniert und staunend genieße ich solche Minuten. Der Anblick dieser Urkraft, dieses scheinbar unbezwingbaren Wesens ließ mich ohne Reue auf verlorene Beute verzichten.

Dem Förster erzählte ich nach einigen Tagen von meinem Erlebnis. „Keine Lust gehabt?" „Nee." Erst sah er mich ein wenig zweifelnd an, doch ich glaube, er hat es verstanden.

*

Etwas nicht Letztendliches, ich hoffe noch für lange Zeit, ist unsere Jägersprache. Wenn ich jedoch manchen Absolventen der Jungjägerkurse, egal wo der Kursus stattgefunden hat, beim täglichen Umgang im Jagdbetrieb erlebe, so kommt mir das ein oder andere Mal das Grausen an.

Nicht, das betone ich immer wieder, dass ich der absolute Brauchtumsfanatiker bin. Nein, aber die gängigsten Ausdrücke unserer wunderschönen alten Zunftsprache sollten doch beherrscht werden. Wenn wir uns in Zukunft über das Geringste diesbezüglich hinwegsetzen, so haben wir den Anspruch auf Bewährtes und Traditionelles verwirkt. Es ist in der heutigen, ach so megamodernen Welt nicht einfach, an Altbewährtem festzuhalten. Die, die uns nicht wohl gesonnen sind – und das sind eine ganze Menge – lauern nur darauf, uns in die gut präparierte Fanggrube laufen zu lassen.

Die Jägersprache darf nicht aus Ausbildung und Prüfung verschwinden.

Wenn die Jäger hier und auch anderswo auf der Welt nicht alsbald munter werden, können wir mit Sicherheit darauf warten, dass uns das Wasser abgedreht wird. So oder so.

Zurück zur Jägersprache. In meinen Jungjägerkursen habe ich mich bemüht, die Jägersprache und jagdliches Brauchtum in angemessenem, zeitgemäßem Umfang zu vermitteln. Dass das eine oder andere während des Unterrichtes bei einigen bis dahin absolut jagdlichen Nichtrauchern zu Begeisterungsstürmen, Schreikrämpfen und ähnlichen Gemütsäußerungen geführt hat, dürfte einleuchten. Wir alle haben einmal angefangen zu jagen. Das darf man nicht vergessen.

Niemand darf einen Schuss abgeben, bevor er das betreffende Stück Wild genau angesprochen hat. Dieser Satz ist eine der auf dem Formular des Jagdscheines aufgeführten Hauptregeln für das Verhalten der Jäger auf Treibjagden und sonstigen Gesellschaftsjagden. Klare Sache! Oder?

Die alten, gestandenen Waidgesellen wissen das und nicken mit dem Kopf. Der nachwachsende Jäger bekommt es auf den Vorbereitungskursen zur Jägerprüfung immer wieder eingetrichtert. Und trotzdem passieren wieder und wieder grauenvolle Unfälle. Nicht richtig angesprochen. Ein Mensch wird schwer verletzt, ja, vielleicht sogar erschossen! Der Unglücksschütze hat ein Wildschwein vermutet und Dampf gemacht. Furchtbar! Die Medien berichten in aller Regel ausführlich über diese Unglücksfälle. Die Diskussionen nehmen kein Ende.

„Wie kann denn so etwas passieren, das kann doch nicht wahr sein! Der Kerl muss gepennt haben!" So oder ähnlich wird argumentiert. So etwas ist schnell dahin gesagt. Letztendlich muss der Unglücksschütze allein damit fertigwerden.

Wohl wissend um den Ernst und der Tragik dieser Unglücksfälle, möchte ich eine Gesprächssituation mit Jungjägeranwärtern schildern, denen ich am ersten Unterrichtsabend einen allgemeinen Überblick der kommenden Monate der Ausbildung aufzeige und dabei die „Zehn Gebote" des Jagdscheines mit den Vorschriften der UVV-Jagd verknüpfe. Da viele unserer mehr oder weniger jungen Leute, die da vor uns hocken, nicht aus dem ländlichen, schon gar nicht aus dem bäuerlichen Kreis kommen und auch selten aus Jägerfamilien stammen, ist es mit der Jägersprache am Anfang eines neuen Kurses natürlich nicht weit her. Woher auch? Der eine oder andere Begriff unserer schönen, alten Zunftsprache lässt dann natürlich fantastische Möglichkeiten der Auslegung durch die Kursteilnehmer offen. Ich freue mich immer wieder über den Eifer, mit dem sich um Aufklärung der von mir benutzten Worte bemüht wird. Manchmal muss ich mich gewaltig zusammenreißen, um mein anfälliges Zwerchfell im Griff zu behalten. Man muss auch diesbezüglich dem Kurs Optimales bieten. Allein das Inhalieren vom „Forsthaus Falkenau" langt nun einmal nicht zum Bestehen der deutschen Jägerprüfung. Zurück zur Sache. Ansprechen. Um diesen Begriff ging es.

Auf meine Frage an einen jungen Mann, was er denn wohl unter „Ansprechen des Wildes" verstehen würde, grübelte er einen Moment, versuchte wohl auch, aus meinem Gesicht zu lesen. „Tja, ansprechen", er sah mich an, und die Unsicherheit war dem Schalk in seinen Augen gewichen. „Wenn da so eine Sau im Wald ist, dann spreche ich sie an." Basta! Ende! „Ja, wie denn?", begehrte ich zu wissen. Wiederum kurzes Grübeln. „Ganz einfach", kam es da, „eh, Sau, bleib stehen, lass dich ansprechen." Toternst! Mir wären fast die Sicherungen herausgesprungen, ein Grinsen konnte ich jedoch nicht abblocken. Die restliche Bande hat natürlich gegrölt. Sie hätte es selbstverständlich besser gewusst. Ist doch klar!? Mein Kandidat grinste. Ich habe den jungen Mann dann aufgeklärt. Das ist meine Aufgabe. Nun war es an ihm, sich ausgiebig zu amüsieren.

Am Anfang meiner Ausbildertätigkeit hat mich eine solche Antwort sehr betroffen gemacht. Ich musste erkennen, dass vieles, was mir von kleinauf vertraut war, heute von den meisten angehenden Jägern hart erarbeitet werden muss. Umso schöner ist es dann für einen Ausbilder, wenn seine Schutzbefohlenen während der Ausbildung und natürlich speziell danach in die Jägerei hineinwachsen und zu dem stehen, was sie als Jäger tun. Strohfeuer unter ihnen gibt es natürlich auch immer wieder einmal. Wie überall im Leben. Ich ertappe mich ab und zu dabei, nach einem ersten Einschätzen meiner Lehrgangsteilnehmer, dass ich bei dem einen oder anderen falsch „angesprochen" habe. So ist das.

Zurück zur Jägersprache. Um diese locker zu vermitteln, lege ich den Kursteilnehmern seit einigen Jahren am Ende eines Unterrichtsabends ein Blatt mit ungefähr dreißig Begriffen aus der Jägersprache zur Beantwortung vor. Nach dem Motto „Jägersprache-Umgangssprache, bitte übersetzen Sie", wird diese Methode freudig akzeptiert. Ein simpler Test, ein leichtes Lernen, dass dazu dient, den einen oder anderen während des Unterrichts verwendeten Begriffs zu deuten und zu festigen. Ich will nichts überstrapazieren, aber eine Basis für den täglichen Bedarf beim Jagdbetrieb bzw. Umgang und Miteinander unter uns Jägern muss vorhanden sein.

Nach dem Ausfüllen der Bögen durch die angehenden Jungjäger besprechen wir anschließend den gesamten Komplex. Nicht nur, weil ich schon von weitem bei den meisten erwartungsgemäß große Lücken auf dem Blatt erkennen kann. Eine ordentliche Erklärung zu den Begriffen trägt dazu bei, die Merkfähigkeit zu optimieren. Wenn ich reihum nach der Übersetzung frage, ist allgemeine Heiterkeit vorprogrammiert. Zu fantastisch sind manche Deutungen. Es kostet ab und zu viel Kraft, den notwendigen Ernst dabei zu wahren.

Dass mit dem „Keilriemen" ist allgemein bekannt und soll hier nicht aufgewärmt werden. Faszinierend jedoch für mein Empfinden waren die Antworten zweier Kursusteilnehmer auf die Begriffe „Geläut" und „Luderplatz". Der erstgenannte Begriff wurde vom gesamten Kurs in keiner Weise mit unseren Hunden in Verbindung gebracht. Der junge Mann grinste über das ganze Gesicht und sprach sodann vollkommen ernst: „Geläut? Das sind die Hoden von unserem Schalenwild." Nur seine ernste Miene bewahrte mich vorläufig vor einem Schreikrampf. Unter zwerchfellbedingter Atemnot bat ich um eine Begründung für seine Mutmaßung. Da ich oft und gerne lache, manchmal auch zu unpassenden Momenten, war die derzeitige Situation schier unerträglich für mich. Der Lehrgang hatte mittlerweile aufgeworfen. Die Begründung des jungen Mannes folgte auf dem Fuß. Frei heraus. „Aber, man sagt doch auch, dass mit zunehmendem Alter die Glocken länger werden als der Strang. Deswegen Hoden vom Schalenwild." Er verzog keine Miene. Nichts ging mehr. Alles grölte. Mich hätte es fast zerrissen. Alle hatten mächtig Wasser in den Augen. Nachdem wieder ausreichend Luft zur Verfügung stand, bot ich Klarheit bezüglich des Begriffes. Der Sachverhalt wurde akzeptiert.

Der zweite Begriff ergab ebenfalls spontanen Heiterkeitsausbruch bei allen Anwesenden. „Luderplatz?" Kurzes Überlegen, null Ahnung im Gesicht des Gefragten, dann erleichtertes Grinsen, „Aah, ich glaube ich weiß es. Das ist Mc Donalds für Füchse, oder so?!" Die Reaktion der Anwesenden muss sicherlich nicht mehr geschildert werden. Saugut! Man darf nichts überstrapazieren. Ich glaube, ich hab das schon erwähnt. Aber auf diese Art und Weise ist bei den Kursteilnehmern sehr schnell ein ordentliches Stück Wissen um die Jägersprache vorhanden.

Bei allem Ernst, den die Jagdausübung verlangt, sollten wir dabei nicht unseren Humor auf der Strecke lassen. Ich wünsche allen waidgerechten Jägern nah und fern, ein harmonisches Erleben bei der Ausübung unserer Passion und möchte mit einem Vers von Walter Hulverscheidt schließen:

„Das Waidwerk ist die höchste Lust auf Erden,
doch wisse stets, wenn du die Büchse spannst,
es droht dir die Gefahr, gemein zu werden,
wenn du den Schweinehund in dir nicht zähmen kannst!"

In diesem Sinne ein fröhliches Waidmannsheil.

vom selben Autor bereits erschienen:

HEINZ ADAM
Ich glaub' ich brech zusammen
zahlr. s/w-Gemälde von Hans Lakomy.
192 Seiten, Format 13,2 x 21 cm, geb.
ISBN 978-3-7888-0830-3
€ 19,95

Heinz Adam lacht gerne. Und viel. Mit seinem Buch „Ich glaub ich brech zusammen" steckt er die gesamte Jägerschaft an. Der jagdverrückte Autor schildert in diesem Buch Jagderlebnisse mit natürlichem Charme, als wäre man selbst dabei. Von den ersten jagdlichen Schritten, über eine schmerzvolle Hühnerjagd in seiner Niedersächsischen Heimat bis hin zu einer Elchjagd in Schweden. Ein Buch ohne Schnörkel und Hintersinn - einfach nur zur Unterhaltung - für lange Abende, am Kamin: Aber nicht auf dem Hochsitz: LACHGEFAHR!

HEINZ ADAM
Hakahana, Jägersmann
zahlr. Abbildungen
139 Seiten, Format 13,2 x 21 cm, geb.
ISBN 978-3-7888-1174-7
€ 19,95

In seiner unnachahmlichen Weise erzählt Heinz Adam in seinem dritten Buch „Hakahana-Jägersmann" von den täglichen Begebenheiten auf der Jagd. Aber warum Hakahana - was ist das überhaupt? Namibiareisenden wird es eventuell ein Begriff sein: „Mach schneller, beeil Dich, Jägersmann!" Heinz Adam ist es gelungen, um diesen Begriff, um die lästige Eile, die man auf der Jagd doch abschütteln will einige wunderbare Erzählungen zu ranken, mit denen man sich als Jäger identifizieren kann. Dabei schreibt Adam nicht nur über das jagdliche Traumland, „Deutsch-Südwest" sondern natürlich auch von heimischen Erlebnissen

Verlag
J.Neumann-Neudamm AG
Schwalbenweg 1
34212 Melsungen

www.neumann-neudamm.de
info@neumann-neudamm.de
Tel. 05661.9262-0
Fax 05661.9262-20